Der Ton macht die Musik

Eine Lyrik-/Prosa-Anthologie

Der Ton macht die Musik

Eine Lyrik-/Prosa-Anthologie

MOHLAND

Bibliografische Information der Deutschen Bibliothek
Die Deutsche Bibliothek verzeichnet diese Publikation in der Deutschen
Nationalbibliografie; detaillierte bibliografische Daten sind im Internet über http://dnb.ddb.de abrufbar.

Der Ton macht die Musik
Eine Lyrik-/Prosa-Anthologie

1. Auflage 2012
© by MOHLAND Verlag D. Peters Nachf.

Titelbild:	Immage-team - fotolia
Lektorat:	Sabine Hirschbiegel
Herstellung:	Büchermaus, 25862 Goldebek
Verlag:	MOHLAND Verlag D. Peters Nachf.
	Dorfstraße 9, 25862 Goldebek
	www.mohland-online.de

ISBN: 978-3-86675-163-7

Inhaltsverzeichnis

Johanna Amthor
Nordlichter-Lied 9
Albert Andries
Brudertag 11
Der Junge am Baum 16
Dietreich Blattgrün
Freitag, der Dreizehnte 19
Christa Degemann
Der Klang des Brotes 23
Heide Elfenbein
Dumm gelaufen 29
Fürbitte 34
Elly Grothof-Nouwen
Zuger Leute in Aktion 37
Beatrix Jacob
Tonarten in unserem Leben 43
Ingeborg Jakszt-Dettke
Mein Klavier 47
Dr. Utta Kaiser-Plessow
Henrik Adams 49
Vanillepudding mit Himbeersaft 53
Heike Konetzni
Verborgene Talente 59
Geburtstagsständchen 63
Claudia Maier
Der Ton macht die Musik 67
Christine Matha
Kein Herzklopfen mehr … 69

Schattenliebe 71
Barbara Otte
Gebrochenen Herzens 79
Frostig 80
Rolf Pickenpack
Sonnenbad 83
Dann kämpfe! 84
Holly M. J. Redington
Abschied 87
Christa Reimann
Der schwarze Gefährte 91
Töpfe 93
Eva Roder
Der Ton macht die Musik 97
Silke Schmidtke
Ach, mein Herz 101
Johanna Sibera
Das hat der Thon komponiert 103
Inge Slopianka
De Ton makt de Musik 109
Rosemarie Stoffel
Die Liebe zur Musik 113
Peter Stosiek
Augustin 119
Anne-Rose Thon
So zart 127
Stille 128
Gisela Verges
In meine Stille 131
Patronenkauf 132
Beatrice Voglrieder
Die Tanzbären und die Volkstanzbären 137

Johanna Amthor

geboren in Zöptau (Mähren), aufgewachsen bei München, lebt seit vielen Jahren mit ihrer Familie in Niedersachsen. Hier arbeitet sie ehrenamtlich in der Krankenhausseelsorge und veröffentlicht belletristische Erzählungen.

Johanna Amthor

Nordlichter-Lied

Wo der Weser Wellen nähern sich dem Meer –
und kein Almkuh-Schellen jemals drang hierher,
weil in flache Breiten sich das Land ergießt –
und auf trockenen Heiden nur Wacholder sprießt.

Wo durch Windes Grimme sich die Birke biegt –
und die kleine Wümme in das Moor sich schmiegt,
wo des Hauses Gauben unter Eichen kauern –
und des Jägers Augen von der Kanzel lauern.

(Auf den Hirsch, den Eber und des Damwilds Kuh,
während seine Leber spricht dem Kornbrannt zu ...)

Blond sind ihre Kinder, dunkel ist die Tracht,
schwarzbunt sind die Rinder, wie die halbe Nacht.
Wenn des Mondes Glanze übers Moor hier steigt –
zu des Irrlichts Tanze ein Klabauter geigt!

Da sind wir geblieben! Wer als „Nordlicht" flackert –
muss die Landschaft lieben, wo die Graugans gackert.

Albert Andries

geboren 1954 in Kinheim/Mosel, verheiratet, lebt seit 1994 in Bendorf. Er schreibt seit 1991 Lyrik und Kurzprosa. Von 1992 – 1997 Mitglied der Autorengruppe Koblenz, erste Veröffentlichungen in Anthologien.

Albert Andries

Brudertag

Auf Jahr und Tag, da stehe ich,
erwarte Dich alleine mir,
für einen Tag, der uns gehört,
bar jeder ernsten Pflicht.

Du bist gleich da, ich spüre schon
dein Nahen, deine Stimme.
Wie warm in mir lebendig wird
dein bärtiges Gesicht.

Ruhe füllt sich in mich ein.
Meine Beine ziellos schlendern.
Ich stehe, schaue, halte nichts,
lasse Bilder sanft entschwinden.

Fasse plötzlich fest Sequenzen,
die dein Schatten mir bezeigt.
Kenne deine Schritte gut,
sollen näher zu mir sein.

Da ist das Lachen in deinem Gesicht,
das mir vertraut seit vielen Jahren.
Es fordert meines, ich kann's nicht wehren,
will's auch nicht unerwidert lassen.

Umarmende Nähe, reiben und klopfen,
ertasten Gesichter, Deines und meines.
Wir sind so vieles miteinander.
Erste Worte in den Ohren.

Es folgt als festes Ritual
ein zünftiges Metzgerfrühstücksmahl.
Im Dampf des Kaffees enden sprudelnde Worte,
gemeinsam stumm genießen wir Speisen.

Die Fahrt beginnt weit über Land,
zunächst zu einem weiten Grab,
dort, wo mein Onkel lebte, starb,
dort, wo nun steht ein kleines Licht.

An Büschen bei der Mauer ruht
ein dunkler Stein, und darauf steh'n
die Zeichen, die den Namen sagen.
Wir weilen, beten, zieh'n den Hut.

Auf grünen Wegen fahren wir weiter,
kaum Begegnendes in diesem Land.
Das Schweigen fällt leicht in diesem Bann.
Müssen nichts sagen, müssen nichts wagen.

Braune Mauern überm See,
wo hoch die Kirchturmspitzen treiben,
und das Feste wollen zeigen,
laden zum Besinnen ein.

Treppen lassen tief uns steigen
in den dunklen Roman-Dom.
Am Hochalter das Kreuz und schlicht
es uns ins Leben trifft.

Zur Rechten in der kleinen Grotte
Maria mit dem Jesuskind.
Es brennen hundert Lichtlein stet,
das Dunkel aus dem Raum zu treiben.

Ein jedes tut's auf seine Weise,
eines lodernd, eines still.
Und allesamt erleuchten sie,
das gemeinte Gnadenbild.

Bevor das erste Licht entzündet,
das Dunkel kalt und frostig war.
So jedes Licht, das aufgestellt,
den Raum wie auch die Welt erhellt.

Wünsche, Bitten, Ängste steigen,
mit den Flammen hoch sich winden.
Auch wir erzünden, das Licht zu mehren,
unsere Kerzen mit uns Menschen.

„Danke, liebe Mutter Gottes,
hüte, schütze die Gegangenen,
auch die unsren, die wir lieben.
Lass uns nicht das Licht verlieren!"

Als gegangen aus dem Dom,
wir beide uns die Hände gaben.
Gingen weilig still dahin,
dort wo Pflanzen Früchte tragen.

Blumen sind dort, bunt und lind.
Grünes vielfach sich entfaltet.
Birnen, Äpfel reif gar sind,
von uns beiden kaufbetrachtet.

Seht, ein Korb voll praller Äpfel,
hängt an meiner rechten Hand.
Und von diesen gar der Schönste
fand den Weg in Flöters Kasten.

Dort, wo sonst nur Münzen lagen,
sonnte sich nun dieser Schönste.
Flöter hörte auf zu flöten,
seine Augen fragten, lachten.

Lang ist das Wegen am See,
und mit uns sind viel Gedanken;
freies Reden ohne Schranken,
lachen, atmen, staunen, wandern.

Was der Tag uns sonst vermachte,
viele gute Worte gar,
Bilder, die die Last vergaßen,
Fühlen, das die Zeit verlor.

Erst am späten Abend wieder,
als der Abschied uns getrennt,
stellten sich die Fragen wieder,
die der Alltag fordernd will.

Manche Tage sind vergangen,
die mich mit Gedachtes fanden,
das mit uns in Dur gesungen,
aus dem einen Tag genommen.

Wollen wieder uns erbinden
alle Jahre, die uns bleiben,
alle Träume uns bewahren,
in denen wir uns wiederfinden.

Albert Andries

Der Junge am Baum

Ein Junge, klein, am grünen Baum,
so kurz und blond das Haar.
Er lächelt seinen kühnen Traum,
zu pflücken die blau-grünen Beeren.

Versunken im Tun, vergessen die Zeit,
wo Hände, die kleinen,
schon greifen beflissen,
und Baumgeäst sich wehrend neigt.

Die braune Tüte aus Papier,
zwei Henkel hat sie sie zu tragen.
Sie füllet sich gar mehr und mehr
zu meinem Unbehagen.

Gar voller Stolz er streckend zeigt
sein Werk, was in der Tüte,
die offen er nach oben neigt
zum Balkon hin, zu den Seinen.

Die tönen ihm die Fragen hin
nach Sinn und Zweck des Tun's,
und können nicht das Antlitz sehn
vom hohen Hoch dort oben.

„Halt ein, mein lieber Junge Du!,
lass ab von diesem Tun,

das Vögel um das Brot beraubt,
um Stücke auch den Baum entlaubt!"

Und alles und noch vieles mehr,
wollt' ich belehrend sagen,
so eingedenk der Worte all
von oben, vom Balkon getragen.

Hätt' ich gesagt die Worte laut,
ich hätt' es wohl verdorben,
ich lächelte ihm freundlich zu,
auf dass das seine nicht erfröre.

Wenn allzu jung die Träume sterben,
was mag da letztlich bleiben.
Die Vögel haben noch genug,
und auch der Baum hat wieder Ruh,
und hat kein' großen Schaden.

Hat sich verschwendet ohne Sinn,
und doch mit edlem Trieb gegeben.
Da nutzen alle Worte nicht
und bleiben im Gedankenleben.

So lache, lieber Junge Du,
aus tiefstem Herzen Deines Seins.
Schon allzu bald, da wirst auch Du
in großen Schuhen wandern.

Ein Vogel kam und pickte auf,
was Du, nachdem gegangen,
hast liegen lassen auf der Erd',
der weichgetränkten nassen.

Dietreich Blattgrün

geboren 1931 in Berlin wurde 1991 in Hamburg als Beamter pensioniert. Seine Wahlheimat ist Nordfriesland. Dietreich Göttel Blattgrün ist vielseitig kreativ. Als Kunstmaler schuf er öffentliche Wandbilder, ebenso Einzelbilder Modern Art. Er schreibt Kurzprosa und Lyrik. Arbeiten aus seiner Feder erschienen in Magazinen und Anthologien des Mohland Verlages. Sein Stil: Kurze prägnante Form. In seinen lyrischen Werken finden freie Rhythmen festen Platz.

Dietreich Blattgrün

Freitag, der Dreizehnte

Sein Finger drückte den Radioknopf. Eine Suchmeldung nach einem ausgebrochenen Frauenmörder kam aus dem Lautsprecher! Seine brutalen Gesichtszüge versuchten ein Lächeln – es misslang. Endlich war er draußen. Der Wächter, der ihn zur Krankenstation bringen sollte, hat es nicht überlebt, dafür hat er gesorgt. Er spürte, dass heute sein Glückstag war. Seine Finger trommelten auf dem Lenkrad – er schaltete herunter: Vorsicht" – keinen Unfall verursachen!

Er erinnerte sich: Er stand am Straßenrand. Einer hielt. Damit war das Schicksal dieses Fahrers besiegelt. Auf dem Beifahrersitz überlegte er kalt und ohne Emotionen, nicht wie, sondern wo er den Mann loswerden könnte. Der wieder, ein Vertreter für Landmaschinen, war froh, einen Zuhörer gefunden zu haben. Langsam drang das Gerede des Fahrers in seinen Gedankenkreis.

Ein wunderbarer Freitag! Er brauchte nur zuzuhören und er tat es. Der Vertreter erzählte ihm von dem erregten Gespräch mit seiner Frau. Sie wolle ihn aus ihrer Firma entlassen. Er vermutete eine Liebschaft mit einem anderen Mann. Darum fahre er heute früher nach Hause, um sich noch einmal mit seiner Frau auszusprechen. Er zeigte auf einen großen Roßenstrauß im Fond des Wagens.

Der Killer disponierte um. Hier bot sich nicht nur das Auto, auch ein sicheres Nachtquartier war in Aussicht. Er lenkte den Vertreter in eine Waldschneise, um seine Notdurft zu verrichten. Eine Kleinigkeit, den Ahnungslosen zu töten und in einem Knick zu verstecken! Der Ausweis des Vertreters sollte dem Mörder den Weg zu dessen Haus weisen. Er verlangsamte das Tempo und bog in die Straße des Ermordeten ein.

Ein Einfamilienhaus tauchte aus der Dunkelheit auf. Das musste es sein!

In der Mansarde brannte Licht. Er hupte – ließ sich aber Zeit. Sollte die Frau doch denken, ihr Mann wäre gekommen! Mit ihr, dachte er, würde er schnell fertig. Mit dem Blumenstrauß in der Hand schritt er auf den Eingang zu.

Beim dritten Versuch glitt der Schlüssel ins Schloss.

Er öffnete die Tür und trat ein. Seine Hand suchte den Lichtschalter. Ein Geräusch ließ ihn herumfahren. Zu spät!

Ein schwerer Gegenstand durchschlug seine Schädeldecke. Tödlich getroffen stürzte er zu Boden.

„Hast du ihn erwischt, Liebling?", kam eine Stimme aus der Mansarde.

„Alles in Ordnung, Miranda", antwortete der Unbekannte hinter der Tür. „Denk' dir, dein Mann hatte noch Blumen dabei."

Dann fuhr seine blutige Hand zum Lichtschalter.

Christa Degemann

geboren am linken Niederrhein, lebt seit langem in der Nähe von Münster (Westfalen), verheiratet, zwei Söhne, Promotion über Anna Seghers, Diplom-Pädagogin, Gesamtschuldirektorin a.D., verschiedene Veröffentlichungen.

Christa Degemann

Der Klang des Brotes

Jakob hob den Kopf. Dass ausgerechnet der Schwiegersohn nach dem Rezept fragte. Und sich sogar Notizen machte.
Die Tochter wusste, was kam. Am Samstagabend backte der Vater immer ein Weißbrot für den Sonntag. Oft genug hatte sie beim Bäcker Hefe kaufen müssen, die es viele Jahre nur lose gab, abgebrochen von einem größeren Block, etwa eine Hand voll. Butter wurde als „jute Butter" eingekauft. Höchstens 50 Gramm. Ein Pfund Mehl. Drei Esslöffel Zucker, „jut voll". Ein Teelöffel Salz, gestrichen. Eine Tasse Milch, lauwarm, Rosinen und Mandeln nach Belieben.

Jakob war der jüngste einer großen Kinderschar gewesen. Seine Mutter starb, als er gerade sechs Jahre alt war. Sein Vater, Leiter einer kleinen Dorfschule an der deutsch-niederländischen Grenze, zog nach seiner Pensionierung mitsamt den vielen Töchtern in die Großstadt, um sie den Arbeitsplätzen in der blühenden Textilindustrie, wie „Krawattennäherin" oder „Büro", sowie künftigen Gatten näher zu bringen. Die Mädchen gründeten bald eigene Hausstände. Wo sollte der Junge hin? Ein Lehrplatz in einer Bäckerei mochte dem Jungen die Zukunft sichern. So könnte er überall sein Brot finden. Sein Vater hatte es früh aufgegeben, für eines seiner Kinder eine höhere Schulbildung oder gar ein Studium zu wünschen. Das hatten die Lebensumstände in dem kleinen niederrheinischen Dorf nicht zugelassen. Die nächste Höhere Schule war 20 Kilometer entfernt und konnte sommers wie winters nur mit dem Fahrrad erreicht werden. Ein ordentliches Handwerk sollten nun möglichst alle lernen. „Schreibe mir doch einmal", so forderte der ehemalige Hauptlehrer seinen Jüngsten auf, „wie du den Brezel, den du mir zu Neujahr gebacken hast, hergestellt hast. Das wäre doch eine gute Übung für dich."

Später lernte die Tochter durch eigenes Backen, dass es mit den Zutaten allein nicht getan war. Die Zimmerwärme sollte stimmen, die Backform musste ausreichend Platz für den aufgehenden Hefeteig vorhalten. Zucker, Mehl, Milch und Butter waren zuerst zu verrühren, erst zum Schluss kam das Salz hinzu. Der Vater hatte gesagt: den Teig durchkneten, bis er glatt ist, keine Reste mehr an den Fingern. Zunächst arbeitete sie mit der Küchenmaschine, um dann, wie sie es beim Vater beobachtet hatte, doch lieber mit der Hand weiterzukneten, den Teig auf der Haut zu spüren, vorsichtig mit dem Mehl balancierend, bis der Teig, nicht zu feucht, nicht zu trocken, die angestrebte Beschaffenheit hatte und nicht mehr an den Fingern klebte. Dann hieß es: Teigruhe. Mindestens zwanzig Minuten, an einem warmen, nicht zugigen Ort, die Schüssel mit einem sauberen Küchenhandtuch abgedeckt. Oft variierte sie wie der Vater, indem sie in die eine Hälfte des Teiges kleine gehackte Mandeln einknetete, in die andere Hälfte Rosinen. Nach der Ruhe den Teig durchschlagen, in die Form geben, in der Form gut gehen lassen, bis er Formhöhe erreicht hat. Anschließend den Teig mit einem scharfen Messer in der Mitte tief einschneiden, mit Büchsenmilch glasieren und etwa 30 Minuten backen.

Sie liebte den Moment, wenn die Form aus dem Ofen geholt und zur Seite gekippt wurde und das Brot zum Abkühlen auf ein Rost rutschte. Sie liebte den Klang des Brotes, seine Resonanz, wenn der Vater mit den Knöcheln der rechten Hand gegen die Seite des Laibs klopfte, wie es antworten, tönen musste, um zu bestätigen: Ja, ich bin fertig und zur rechten Zeit der Hitze entkommen. Sie freute sich auch später, wenn sie dann und wann das Brot des Vaters backte, auf diesen Moment. Sie war aber oft nicht zufrieden, hörte genau, dass die Antwort des Brotes auf einen nicht ausreichend gegangenen Hefeteig, auf ein zu fest gebackenes Brot schließen ließ. Auch gelang es ihr fast nie die Brotbögen zu erzielen, die sich bei Vaters Brot nach dem Längsschnitt bildeten und die keck über den Formrand hinaus schauten.

Und dennoch: der Duft der Hefe, der Duft des frisch gebackenen Brotes und die Wärme des offen stehenden Backofens hüllten sie und ihre Familie ein und das Frühstück am Sonntagmorgen war ein anderes als an anderen Sonntagen.
Etwas stimmte noch nicht. Etwas fehlte noch. Sie wusste auch, was es war. Vielleicht war jetzt die Zeit reif, um aus dem Nachlass der Eltern jenen von Hand geschnitzten Brotteller herauszuholen, der ihre Kindheit und Jugend begleitet hatte. Natürlich hatte die Mutter auch im Haushalt immer wieder kleinere oder größere Dinge erneuert. Das eine und andere Brotkörbchen entsprechend dem Zeitgeschmack gehörte dazu, wie Bastkörbchen mit Bambushenkeln, von der Tochter aus Peddigrohr gefertigte Werke, Keramikteller, Korb- und Edelstahlschalen. Und so gab es auch bisweilen längere Zeiten ohne den ovalen Holzteller. Er blieb im Haushalt, geduldig im Schrank, wissend, dass er

immer wieder nach Phasen des Vergessens auf den Tisch gelangen würde.

Der Teller hatte ursprünglich zum Hausstand von Mutters Eltern gehört. Ein Bruder dieses Großvaters war Bildhauer geworden. Er hatte den Teller selbst gefertigt und ihn um 1900 den damals frisch Vermählten geschenkt. Sie nutzten ihn ihr Leben lang, obwohl sich der Großvater mit dem Bruder überworfen hatte. Dieser hatte ihn abgewiesen, als er nach langer Zeit um die Rückgabe geliehenen Geldes bat, das er nun für sein neues Geschäft benötigte. „Dann musst du dein Geschäft eben kleiner machen", hatte der Bruder gespottet.

Der Teller blieb und nahm das Brot des Großvaters auf. Auch er hatte einmal, eher der Not als der Neigung gehorchend, das Bäckerhandwerk gelernt.

„Ech häb mech no-e Hu-es jebacke", hatte er zum Erstaunen der Enkelin erzählt. Im 1. Weltkrieg war er in russische Gefangenschaft geraten. Die Oktoberrevolution öffnete ihm die Tore und er fand, immer sein Handwerk anbietend, den Weg nach Hause, „no-e Krieewel".

Als er dort ankam, lag auf dem Brotteller – die Hungersnot. Als diese nach dem zweiten Weltkrieg wiederkehrte, kannte man sich schon.

Wenn die Tochter viele Jahre später mit ihrer Familie die Eltern besuchte, sah sie, dass der alte Brotteller kaum noch ausreichte. Denn sie alle hatten Freude an den neuen Brotsorten, die sich nun mit französischen oder italienischen Namen zu den altbekannten gesellten.

Nach Jakobs Tod reiste die Tochter oft mit dem Zug in die Heimatstadt, um die Mutter zu besuchen. Die Straßenbahn würde sie bis fast vor die Türe des Elternhauses bringen. Doch zuvor suchte sie stets eine Bäckerei in Bahnhofsnähe auf. Und so begann der Tag bei der Mutter mit dem Duft frischen Brotes.

Sie holte den Teller hervor. Ihre Hand strich, wie so viele Hände zuvor, über seine glatte, warme Oberfläche. Mit dem Finger zeichnete sie die Inschrift nach, die ringsum eingeschnitzt worden war. Worte, die lange Zeit nicht zu ihrem Leben zu passen schienen.
Heute konnte sie sie wieder annehmen und in viele neue und alte Gedanken einbetten.

Samstag würde sie backen, mit viel Geduld, nahm sie sich vor. Und am Sonntag würde sie das Brot auf den alten Holzteller legen. Und sie würde auch nicht die Worte am Rande des Tellers mit einem Tuch oder einer Serviette überdecken, die da lauteten:

Unser täglich Brot gib uns heute.

Heide Elfenbein

geboren 1934, lebt in Cambridge in England, veröffentlichte unter dem Namen Heide Strauß-Asendorf oder Heide Elfenbein „Mein Hund hat vier Beine", „Umbrüche", „Geh aus mein Herz und schreie", „Die Jammerhecke", „Widerspruch" und Beiträge in vielen Anthologien. 1990 erhielt sie einen Preis beim Lyrischen Oktober, Edition L, 2008 den ersten Preis für Lyrik von der Volkshochschule Völklingen.

Heide Elfenbein

Dumm gelaufen

Die Bewohner des Kurstiftes, die gegenüber von Hertie ihre Appartements hatten, wachten in aller Herrgottsfrühe von den Sirenen der Polizei auf. War während der Nacht im Kaufhaus eingebrochen worden? Außer den Polizisten standen dort schon bald viele Neugierige vor dem Haupteingang.

Jemand vom Personal hatte entdeckt, dass ein Schrank in der Schmuckabteilung aufgebrochen worden war. Es fehlten Ohrringe, ein Armband und ein Ring. Nichts von den besonders wertvollen Waren. Der Safe im Keller war unversehrt.

Mit den Ermittlungen wurden die zwei Polizeioffiziere Willi Hart und Wolfgang Mann beauftragt. Am Tatort durfte auf ihre Anweisung hin nichts verändert werden, bevor er von den Leuten der Spurensicherung genau untersucht worden war. Leider hatten die Täter kaum verwertbare Spuren hinterlassen. Sie mussten sich, so vermutete man, vor Ladenschluss irgendwo versteckt haben. Aber wo?

Der Hausdetektiv Obermeyer hatte am Vorabend, als das Personal gegangen war, die Räumlichkeiten genau überprüft. Alles war in Ordnung gewesen. Er hatte sogar in jedem Stockwerk die Türen zu den Toiletten aufgemacht und nachgesehen. In die Herrentoiletten war er ganz hineingegangen! Im Büro hatte er noch den Chef getroffen und ihm in den Mantel geholfen. Erst als er die letzten Türen sorgfältig abgeschlossen hatte, war er nach Hause gegangen. Nichts Verdächtiges war ihm aufgefallen.

Willi Hart nahm die Mütze vom Kopf und kratzte sich: „Eigentlich wurde alles ganz vorschriftsmäßig gemacht, findest du nicht auch? Vor allem der Hausdetektiv ist ein gewissenhafter Mensch", sagte er zu seinem Kollegen. „Hoffentlich haben die Einbrecher irgendwo einen Fehler gemacht!"
„Nicht, wenn es Profis waren", bekam er zur Antwort.
„Waren sie das? Bis jetzt keine Fingerabdrücke, keine Fußspuren! Wenn die hier drinnen waren, wie sind sie wieder rausgekommen, bevor jemand hier aufmachte?"
„Müssen wir noch rausfinden!"

Als hätte sie das gehört, kam aufgeregt die Putzfrau Rosi gerannt: „Ich hab's! Ich hab's! Im Klo! Im Damenklo! Erst hab' ich da sauber gemacht und nix gemerkt. Nur das Putzzeug stand so anders! Hab' ich mir noch nix bei gedacht! Komm' ich aber in die Kabine, wo das Fenster zum Parkhaus rausgeht, ist das Fenster kaputt! Muss ich der Polizei doch gleich sagen, hab ich bei mir gedacht."
„Aha! Sehr gut! Müssen wir uns ansehen. Gut gemacht, Frau ... Wie war noch mal Ihr Name?"
Ein Polizist notierte ihn.
Es war so, wie die Frau, die alle Frau Rosi nannten, vermutet hatte. Die Leute von der Spurensuche untersuchten das zerbrochene Fenster.
„Und Sie sind sicher, dass das gestern noch heil war?"
„Ganz sicher."
Schade, auch hier fanden sich weder Fingerabdrücke noch Fußspuren. Die mussten Handschuhe an den Hän-

den und Socken über den Schuhen getragen haben. Also doch Profis!

„Sie haben hier schon angefangen, sauber zu machen, nicht wahr?", wollte Wolfgang Mann wissen.

„Ja ..., aber ich wusste doch nicht ... da lagen die gebrauchten Handtücher und Papier und Zigarettenstummel auf der Erde rum ... und ich soll doch fertig sein, wenn wir aufmachen", stammelte Rosi verwirrt, weil sie das Gefühl überkam, sie hätte einen schrecklichen Fehler gemacht.

„Sie haben nur Ihre Pflicht getan", beruhigte sie Obermeyer. „Die Herren machen Ihnen keinen Vorwurf. Schauen wir doch mal, was Sie zusammengefegt haben. Es ist unwahrscheinlich, aber vielleicht finden wir doch ... ich meine, es wäre toll, wenn ...!"

Sie hatte ihm schon den Eimer gereicht, in den sie den Schmutz geschüttet hatte. Polizist Hart zog Gummihandschuhe über, bevor er vorsichtig den Inhalt des Eimers auf einen der Waschbeckentische auszubreiten begann. Er war noch nicht fertig damit, als Rosi, die hilfsbereit neben ihm stehen geblieben war, einen erstaunten Ausruf machte: „Ui, das hab' ich gar nich' geseh'n vorhin! Da hat jemand sein'n Ausweis verlorn!"

Sie fischte aus dem Rest im Abfalleimer einen Personalausweis hervor.

„Den muss ich im Büro abgeben."

„Nichts geben sie im Büro ab! Den müssen wir uns erst mal genau ansehen!"

Hart griff nach dem Dokument. Das Gesicht eines jungen Mannes lachte ihn auf dem Foto an. Der Ausweis war auf den Namen Peter Heck ausgestellt. Polizeioffizier Mann schaute ihm über die Schulter. Kam ihm das Gesicht nicht irgendwie bekannt vor?

„Wir müssen diesen Heck auf jeden Fall näher unter die Lupe nehmen."

Im Büro der Polizeistation stellten die Kollegen schnell fest, dass Peter Heck trotz seiner Jugend schon Vorstrafen wegen Diebstahls gehabt hatte. Drogen und Alkohol waren der Grund gewesen.

Die beiden Polizisten fuhren zu der im Ausweis angegebenen Adresse. Eine alte Frau mit verhärmten Gesicht öffnete ihnen die Türe: „Was hat er denn jetzt schon wieder angestellt?" Ihre Stimme klang ängstlich. „Er schläft noch. Er ist heute Nacht spät heim gekommen. Wissen Sie, das sind die Freunde, die er hat. Er hat die falschen! Ach, wenn er nur mal ..."

Sie murmelte Unverständliches und ging den Beamten voraus zum Schlafzimmer ihres Sohnes, der gerade im Begriff war, aus dem geöffneten Fenster zu klettern, als sie die Türe öffneten.

„Das lassen Sie mal lieber bleiben", sagte Hart. „Es ist besser, wenn Sie mit uns kommen. Wo ist der Schmuck?"

Auf dem Revier gestand Peter die Tat. Was war da zu leugnen? Man hatte den Schmuck in der Tasche seiner Jacke gefunden. Das Motiv? Die Beamten hörten von einem Mädchen Namens Gilla, das Diamanten wollte. Sie erfuhren, wie die Freunde Peter, Klaus und Patrick sich nach dem Ende des Laternenfestzuges in einem Lokal an der Theke Plätze gesucht und Getränke bestellt hatten. Sie hatten einander zugeprostet als Patrick zu Peter sagte: „Schau mal, da ist die Gilla!"

An einem Tisch unter einer lärmenden Gruppe junger Leute saß das Mädchen. Sie war besonders trendy aufgeputzt. Die blonden Haare über der Stirn waren violett gefärbt. Lippen und Augenbrauen waren gepierct, ebenso der Nabel, der zwischen dem kurzen Top und der Jeans hervorsah. Auf ihrem Arm war ein Tatoo. Peter starrte sie fasziniert an. Als die Tanzfläche geöffnet wurde, forderte er sie sofort auf. Nach dem Tanz war sie mit ihm an die Theke zu den Freunden gegangen.

Die drei Burschen bemühten sich auffällig zu beweisen, was für tolle Typen sie waren; überboten einander mit Prahlereien. Endlich fuhr der Mann, der zuvor neben dem Mädchen am Tisch gesessen hatte, wütend dazwischen: „Was wollt ihr denn schon! Habt kaum einen Cent in der Hosentasche und nehmt das Maul soooo voll! Ich hab Geld und kann der Gilla kaufen, was immer sie sich wünscht, sogar Diamanten!"

„Prima, dann schenk mir doch welche!", kicherte das Mädchen.

„Die kannst du auch von mir bekommen!", brüllte Peter.

Ihn auslachend kehrte sie zu ihrem vorigen Partner zurück. Man trank, tanzte, schrie und spielte sich auf; die ganze Nacht hindurch. Als die Freunde sich in der Morgendämmerung voneinander verabschiedeten, hatten sie vereinbart, dass sie es dem „Angeber vom Nachbartisch" zeigen wollten! Zwei Tage später hatten sie sich im Kaufhaus Hertie getroffen, um Diamanten zu organisieren, wie sie sich ausdrückten.

Gilla zu imponieren sei der Grund für den Einbruch gewesen. Drogen nehme er schon lange nicht mehr, versicherte Peter beim Verhör. Das habe er überstanden.

„Na, da bin ich nicht so sicher", sagte Willi Hart lachend, „Weiber wirken manchmal auch wie Drogen auf junge Kerle!"

Heide Elfenbein

Fürbitte

Das schöne Haus drüben ist leer.
Die Blumenkästen haben keine Blüten mehr.
Der Tod steht vor der Tür.
Den jungen Nachbarn hat er ausgeguckt.
Er leidet, liegt im Koma, zuckt.
Man brachte ihn auf einer Trage in das Krankenhaus.

Verzieh dich, Tod! Such einen andern aus!
Einen der böse ist und alt,
einen, den keiner liebt! – Doch halt,
möcht' der nicht auch am Leben bleiben?
Möcht' der nicht auch ins Buch des Lebens schreiben?

Und wenn ein Wunder nun geschäh?
Ein Wunder? Das tät keinem weh!

Elly Grothof-Nouwen

geboren 1943 in den Niederlanden; ausgebildete Volksschul- und Englischlehrerin; seit 1967 mit einem Deutschen verheiratet. 1968–1981 wohnhaft in Deutschland, seitdem in der Schweiz. Sie hat eine verheiratete Tochter und zwei Enkel. Seit 1968 freiberufliche Privatlehrerin und Übersetzerin für Englisch, Deutsch und Niederländisch. Sie schreibt seit 1977 Lyrik und Prosa (kurze Texte, Artikel, Kurzgeschichten) in ihren drei Sprachen. Langjähriges Mitglied von IGdA Deutschland, ACW Großbritannien, AdS Schweiz und ASTTI Schweiz. Veröffentlichungen: „Für Dich", christliche Lyrik (Selbstverlag). In vielen Anthologien vertreten, zahlreiche Texte im In- und Ausland veröffentlicht, auch im englischsprachigen Raum; Übersetzerin von zwölf christlichen Büchern.

Elly Grothof-Nouwen

Zuger Leute in Aktion

Heute möchte ich etwas erzählen über das sogenannte „Chröpfelimeh"-Singen, einen sehr alten und speziellen Brauch eines Städtchens in der deutschsprachigen Schweiz.

In Zug, einer sehr wohlhabenden Stadt mit ungefähr 26.000 Einwohnern und Hauptstadt des gleichnamigen Kantons, findet dieses besondere Ereignis immer am ersten Sonntagabend nach Karneval statt. Niemand weiß genau, wann und wie dieser Brauch zuerst angefangen hat, aber während des Zweiten Weltkrieges verschwand die Tradition in der Versenkung, bis ein Zuger Lehrer ihn sehr viel später wiederbelebte, sehr zur Freude und Befriedigung mancher patriotischer Einheimischen.

Alle frischverheirateten oder neuverlobten Paare innerhalb der Stadtgrenzen können teilnehmen. Sie werden an jenem Sonntagabend von Chören besucht. Andere „Zutaten" für die erfolgreiche Durchführung der Prozedur sind viele Flaschen Wein und sogenannte „Chröpfeli", eine Art Küchlein, Krapfen, könnte man sagen.

Normalerweise beteiligen sich ein Dutzend Chöre. Die Anzahl der frischverheirateten oder -verlobten Pärchen variiert von Jahr zu Jahr und beläuft sich auf acht bis sechzehn. Jedes Jahr geht die Suche los.

Bereits Wochen vor dem Ereignis gibt es Hinweise in der Zeitung, die Adresse der örtlichen Koordinatorin wird erwähnt, damit sowohl Paare als auch Chöre sich rechtzeitig anmelden können. Es braucht wohl nicht erwähnt zu werden, dass die Vorbereitung insbesondere bei den Chören schon lange zuvor angefangen hat: Die Lieder müssen ausgewählt, vielleicht müssen neue Kostüme entworfen und hergestellt werden und so weiter. Aber die jungen Paare brauchen auch einige Wochen, um alles zu organisieren.

Eine riesige Menge „Chröpfeli"-Küchlein sind bei einer Bäckerei in der Stadt zu bestellen und viele Flaschen Wein zu kaufen. Natürlich wird nach dem billigsten Angebot, dem größten Preisnachlass gesucht.

Wenn ein junges Paar – sie heißen vielleicht Annalies Schönenberg und Urs Trüeb – sich entschieden hat, dass sie es gerne sähen, wenn die Chöre bei ihnen zu Hause vorbei kämen, müssen sie den Gruppen über die Koordinatorin eine Einladung schreiben.

Annalies und Urs, die seit Sylvester verlobt sind, planen zu der Zeit, in einigen Monaten zu heiraten. Im ihrem Elternhaus erwartet die Familie das Ereignis, und da dürfen der alte Onkel und die alte Tante Schönenberg auch auf keinen Fall fehlen.

Um 18 Uhr befestigen Annalies und Urs eine rote Laterne an den Balkon. Auf diese Weise soll den Gruppen der Weg gezeigt werden.

Zehn Minuten später hört man von draußen einen Ruf. Schnell zieht jeder seinen Mantel an, rennt nach oben und stellt sich auf dem Balkon, um das Konzert der ersten Gruppe zu hören. Die Abendluft ist sehr kühl, es wird also viel gezittert. Mitten auf der engen, mit Kieselsteinen belegten Privatstraße sehen sie kostümierte Männer auf Pferden.

Sofort fangen die Reiter auf ihren gut gepflegten Pferden an, eine angenehme Melodie zu singen. Nach dem ersten Lied applaudieren alle Zuhörer – einige sind aus den

Nachbarhäusern gekommen – begeistert und rufen laut: „Bravo!"

Jetzt tritt das uralte Ritual in Wirkung: Annalies und Urs lassen einen Korb mit einigen Flaschen Wein und einer Papiertüte mit „Chröpfeli" hinunter, und einer der Sänger leert den Korb und legt seinerseits ein Geschenk hinein.

Kurz danach zeigt die typische, wohlklingende „Chröpfeli-meh"-Melodie an, dass die Sänger sowohl mehr Wein als auch mehr Krapfen haben wollen! Dies ist auch ein Teil der Zeremonie und nichts Außergewöhnliches.

Als das Hufgetrappel nicht mehr zu hören ist, geht die ganze Familie ins Haus, um sich wieder aufzuwärmen. Eine Viertelstunde später werden sie von der zweiten Gruppe besucht.

Annalies, Urs und die Familie bewundern die weiß-mitrote Maskerade der Harlekine. Fünf Lieder später singt die dritte Gruppe, ein aus Männern bestehender Chor in vollem Ornat mit Zylinderhüten, Kanons.

Die Gastgeber erfreuen sich auch an der vierten Gruppe, in altmodischen Kostümen gekleidete junge Leute. Es ist in der Tat ein Vergnügen, alle diese geschulten Stimmen zu hören. Unter dem ruhigen Sternenhimmel ist es ein besonderes Erlebnis.

Bis um halb neun sind acht Gruppen bei Annalies und Urs vorbeigekommen, und die Vorräte an Wein und Krapfen haben sichtlich abgenommen. Noch drei weitere Chöre werden erwartet, während bei diesem „Chröpfelimeh"-Singen insgesamt dreizehn junge Paare besucht werden wollen.

Zwischen den jeweiligen Konzerten unterhält sich die sechs Personen starke Familie, trinkt Wein, isst „Chröpfeli" und bewundert alle Geschenke. Sie müssen bis 22 Uhr warten, bevor die Gruppe „Peacehorse" erscheint.

Als Annalies diesmal wieder mit Urs auf dem Balkon steht, kann sie junge Leute und einen von zwei starken Pferden gezogenen Planwagen sehen. Der Chor begleitet sich selbst mit Gitarre, Geigen, Querflöten und Trommel. Annalies muss lachen, als sie sieht, wie einer der Musiker versucht, im Dunkeln die Noten zu lesen.

Ihre Darbietung ist ein Leckerbissen. Alle Zuschauer klatschen Beifall und rufen laut: „Prima!"

Die letzten Gäste kommen um 23 Uhr. Obwohl Annalies und Urs inzwischen ziemlich müde sind, bewundern sie deren Leistung ebenfalls gebührend. Diese Gruppe trägt malerische orange-und-weiße Phantasiekleider.

Um halb zwölf ist alles vorbei, zumindest draußen. Insgesamt sind sie von mehr als 180 Personen besucht worden.

Überall in der Stadt gehen die Chöre nach getaner Arbeit in eine gemütliche „Beiz", um miteinander die Flaschen Wein und die Tüten mit „Chröpfeli" zu teilen, während die jungen Paare und ihre Verwandten zu Hause weiter feiern. Sicherlich wird das „Chröpfeli-meh"-Singen noch lange nach diesem Abend besonders bei ihnen, aber auch bei allen anderen Beteiligten, für Gesprächsstoff sorgen.

Beatrix Jacob

geboren 1960 in Merseburg, Lehre als Industriekauffrau im Mineralölwerk Lützkendorf 1970Ö1977, Hochschulfernstudium der Betriebswirtschaft an der TH Leuna-Merseburg, Grundstudium an der Martin-Luther-Universität Halle-Wittenberg, Abschluss als Diplom-Ingenieur-Ökonomin 1989, 1990Ö1991 Weiterbildung zur Umweltschutzbeauftragten beim Haus der Technik Essen. Sie veröffentlichte Texte u.a. in den Anthologien „Ich habe es erlebt" und „Wer Religion hat, redet Poesie", Frankfurt a.M.

Beatrix Jacob

Tonarten in unserem Leben

Der Ton macht die Musik, musisch vielleicht,
entführen Pianisten und all jene guten Musiker,
zur Welt der Phantasie melodisch Zauberreich,
die Seele mit so vielen Klängen zu verwöhnen,
doch wo das Talent und Können oft doch fehlt,
medienpräsent kommerzielles Musikgeschäft,
letzte Nerven des Zuschauers ziemlich quält!

Lebensphilosophie für den guten Umgangston,
jene verwundbare Seelen, die überfordert sind,
wo Misstöne emotional nicht vermeidbar sind,
doch jene Freiheit im Größenwahn zu pöbeln,
es noch so medial in Liedern zu präsentieren,
wie: Du bist ... oder ..., wo andere Menschen,
für die Sänger nur wertlose Zeitgenossen sind,
eine Unkultur die an der Inhumanität gewinnt,
Hauptsache man hat damit sehr gut verdient!

Der Ton macht die Musik, die Feigheit auch,
wenn man uns erklärt den kulturellen Wert,
wir staunen und bewundern geheimnisvoll,
was so fremd und fern in unerreichbar Land,
wo Menschen sich als Göttlichkeit erheben,
Waisenkinder ohne Chance zu entkommen,
deren Leben „kulturell" ganz vorbestimmen,
für Gesellschaftsunterhaltung missbraucht,

denken wir noch naiv dabei nichts Böses,
Waisenkinder ohne Lobby, so sehr einsam,
für die Prostitution ein Millionengeschäft,
dienen als moderne Sklaven für die Gier,
wie erhaben urteilen wir oft ohne Wissen,
wenn geheimnisvolle Kultur in der Ferne,
unbarmherzig und doch so grausam ist!

Innewohnend in uns Menschen, Seelenklang,
eine Spannbreite großer Gefühle so vielseitig
Freude, Euphorie, glücksselig davon inspiriert,
begleiten uns sehr viele Töne voller Harmonie,
doch Sorgen, Kummer, Leiden, Depressionen,
Überforderung bei all den Problemen und Angst,
spüren wir menschlich der Töne Disharmonie,
in den Klängen der Seele, nicht nur Harmonie!

Psychologie – medizinisch Menschen heilen,
ach wie so naiv und irrgläubig wir doch sind,
Hauptsache die Kasse stimmt, Patientenhilfe,
in schlechten Händen sie nicht geborgen sind –
wie jener Kamerad der sich das Leben nahm,
so schlimm ist schon der Größenwahn hofiert,
wo selbst medial jeder psychologisch pöbelt,
als sei der Mensch ein dressierbares Objekt,
wo immer nur der Stärkere das Spiel gewinnt,
selbst die Wirtschaft psychologisch Idiotentest –
als wahre Wissenschaft den Menschen preist,
Quotenregelung als Erfolgsgarantie, so fatal,
die Anzahl der Opfer an die man nicht denkt,
wenn man gefährlichen Tätern Freiheit schenkt!

Der Ton macht die Musik, so vielseitig,
allein wenige Streifzüge zeigen uns,
wie viele Töne zwischen dem Akkord,
in den Farben des Seelenlebens sind,
jene Töne wie im Guten, wie im Bösen –
unsere Wegbegleiter weltlich Bild sind,
die Hoffnung bleibt für jeden Atemzug,
dass die Humanität Oberhand gewinnt!

Ingeborg Jakszt-Dettke

geboren 1941 in Stettin, Mutter von zwei Söhnen. Während ihrer Tätigkeit als Sachbearbeiterin an der technischen Universität Berlin studierte sie berufsbegleitend an der Kirchlichen Hochschule. Von 1982–2003 unterrichtete sie als Religionslehrerin an einem Berliner Gymnasium. Buddhismus, Philosophie und Reisen in buddhistisch geprägte Länder zählen zu den besonderen Interessen der Autorin, die Erlebtes über das Schreiben von Lyrik und Kurzprosa verarbeitet.

Ingeborg Jakszt-Dettke

Mein Klavier

ist richtig böse
ich mach' ihm viel zu viel Getöse
Töne klingen laut und schrill
genauso, wie es keiner will!

Harmonisch sanft soll es erklingen
und nicht, als würd' ich mit ihm ringen
und meine Finger ohne Lust
sich schwer bewegen – welcher Frust!

Doch eines Tages – er liegt fern –
hat mein Klavier mich richtig gern
es strahlt und jubelt mich dann an
weil ich nun endlich spielen kann:

„Ich bin Dein Freund und helfe Dir.
Ich seh', Du liebst mich – Dein Klavier –
die Seele tanzt nun auf den Tasten
bin für Dich mehr als nur ein Kasten!"

Dr. Utta Kaiser-Plessow

geboren 1939, lebt seit der Grundschulzeit in Köln. Nach dem Abitur Jurastudium in Köln, Marburg und Lausanne. Examen und Promotion in Köln. Zehn Jahre Tätigkeit bei der Bundesfinanzverwaltung in Köln, dann Richterin am Finanzgericht in Düsseldorf. Sie ist verheiratet und hat drei erwachsene Kinder. Nach der Pensionierung mit literarischem Schreiben begonnen. Veröffentlichung von Gedichten und Kurzgeschichten in verschiedenen Anthologien.

Utta Kaiser-Plessow

Henrik Adams

Ein böser alter Mann ist er, sagen die Nachbarn, und sie meinen damit Henrik Adams. Der wohnt am Rand des Städtchens in einer klassizistischen Villa, umgeben von einem Park. Täglich werkelt dort ein Gärtner, gießt, schneidet, pflanzt, harkt die Wege, bis jedes Kieselsteinchen ordentlich ausgerichtet in geraden Bahnen liegt. Selten nur ist ein dunkel gekleideter Mann zu sehen, der gemessenen Schrittes das Haus betritt. Henrik Adams würdigt die um ihn blühende Pracht mit keinem Blick. Nie kommt es ihm in den Sinn, sich etwa auf der Terrasse in einen Sessel zu setzen und dort die Zeitung zu lesen. Seinetwegen braucht der Park nicht gepflegt zu werden. Der Gärtner wird nur beschäftigt, weil es ihn in diesem Haus schon immer, so lange er zurückdenken kann, gegeben hat. Zur Zeit seiner Eltern war es ein schweigsamer Hüne mit grauem Bart. Als der zu alt war, hat dessen Sohn die Stelle übernommen. Der dürfte es nicht mehr sein, es ist wohl der Enkel. Er weiß es nicht, es interessiert ihn nicht. Außer einem undeutlichen Brummen auf einen Gruß des Gärtners, wenn er ihm denn einmal auf seinen seltenen Gängen begegnet, gibt es keinen Kontakt. Alle häuslichen Anweisungen werden von Johann erteilt. Der ist Verwalter, Kammerdiener, Sekretär, Butler, alles in einer Person. Auch die Abrechnungen obliegen ihm. Früher, als Henriks Frau noch lebte, war alles anders. Bei schönem Wetter frühstückten sie morgens auf der Terrasse, verbrachten den Nachmittag unter dem mächtigen Nussbaum und saßen abends bei einem Glas Wein im Pavillon, ganz hinten versteckt zwischen Bäumen und Sträuchern. „Nur wir beide, allein in einer grünen Wildnis, weit weg von der Welt" pflegte seine Frau Marion zu sagen. Sie ist seit acht Jahren tot. Seither hat er den Park nie mehr aufgesucht. Er lebt mit seinen Büchern, vergräbt sich in der Bibliothek. Mit dem Personal spricht er nur das Nötigste, und das ist meistens nicht nötig, weil Johann alles regelt. „Sehr wohl gnädiger Herr", pflegt die Köchin Berta zu sagen, wenn er einen Wunsch bezüglich des Essens äußert, was aber auch so gut wie nie vorkommt. Johann, die Köchin und der Gärtner sind schon lange in seinem Haushalt. Es sind bestimmt schon so um die fünfzehn, zwanzig Jahre. Vor sechs Jahren hat er Katharina als Hauswirtschafterin eingestellt. Johann hat sie ausgesucht. Henrik selbst weiß gerade mal ihren Namen und wie sie aussieht. Am liebsten ist es ihm, wenn er von seinem Personal so wenig wie möglich hört oder sieht und alles geräuschlos funktioniert, und das tut es. Die Leute sind auch mit ihm zufrieden, jedenfalls soweit er es beurteilen kann. Er will es aber gar nicht beurteilen, es ist ihm gleichgültig. Sie wohnen unweit der Villa in ehemaligen Stallungen, die zur Zeit seiner Großeltern in Gesindewohnungen umgebaut wurden. Es ist dort ausreichend Platz und irgendwann hat er alles auf Johanns Veranlassung und unter dessen Aufsicht renovieren und modernisieren lassen. Fenster, Heizung, Sanitärinstallationen und dergleichen. Es scheint alles zufriedenstellend zu sein, denn er hat keine Klagen gehört. Wahrscheinlich würden sie damit auch nicht zu ihm kommen. Er gilt als unnahbar und kalt. Manchmal wüsste er ganz gern, was hinter seinem Rücken geflüstert wird. Aber will er das wirklich wissen? Eigentlich nicht. Unnahbar und unansprechbar lebt er in seiner eigenen Welt, der des Geistes und der Bücher. Obwohl, das ist nicht immer so gewesen. Als Marion noch lebte war alles anders. Bedingt durch seine Geschäfte als Investmentbanker und mit Anteilen an Immobilienfirmen hatten sie viele repräsentative Verpflichtungen und oft Gäste. Er war gesellig, sie sind gerne ausgegangen und regelmäßig verreist. Von den vielen Freunden, die damals im Haus ein und aus gegangen sind, sich bei Abendgesellschaften und Gartenfesten amüsiert haben, sieht er schon seit Jahren niemanden mehr. Zunächst gab es noch Anrufe, Grüße zu Weihnachten, aber die blieben mit der Zeit auch aus. Er weiß, er ist selbst schuld. Es hängt mit Marions Tod zusammen. Seitdem ist er total verändert, hat sich zurückgezogen, mit allen gebrochen und jede Annäherung schroff abgewehrt. Wäre er an diesem unglückseligen Abend vor acht Jahren mit in den Garten gegangen, um den Vollmond anzuschauen, würde sie noch leben. Er fand das albern und hat es vorgezogen, die Zeitung zu Ende zu lesen. Als er dann merkte, dass sie noch nicht zurück war und hinaus ging, war es zu spät. Sie muss gestolpert und in den Teich gefallen sein. Als er sie fand lag sie auf dem Bauch im Wasser, umflossen von Mondlicht. In dieser Nacht ist etwas in ihm zerbrochen.

„Was ist?" Henrik reagiert unwirsch als Johann nach diskretem Anklopfen die Tür zur Bibliothek öffnet.

„Herr Adams, hier ist Dr. Bridel für die anstehende jährliche Kontrolluntersuchung."

Henrik lässt die Prozedur seufzend über sich ergehen.

„Ihnen fehlt nichts, noch nichts. Damit das so bleibt müssen Sie sich jedoch dringend mehr bewegen. Licht und Sauerstoff tanken, dann können Sie hundert Jahre alt werden. Sie haben den wunderschönen Park. Jeden Tag mindestens eine halbe Stunde, noch besser wäre eine Stunde, spazieren gehen, das müsste doch zu machen sein."

„Vielleicht will ich gar nicht hundert Jahre alt werden" sagt Henrik unwirsch.

„Guten Tag Dr. Bridel."

Utta Kaiser-Plessow

Vanillepudding mit Himbeersaft

Acht Wochen nach dem Schützenfest hatte Katharina Gewissheit. Sie war schwanger. Längst war Leo mit den Schaustellern weitergezogen. Verzweifelt hatte sie sich der Köchin und den anderen anvertraut. Berta, Johann und Mark meinten: „Du kriegst das Kind. Wir kümmern uns mit drum. Unser Herr wird nichts davon merken."

Lisa war ein glückliches Kind. Berta kochte für sie Pudding oder Milchreis mit Zucker und Zimt. Mark schenkte ihr Blumen, zeigte ihr, wo es im Park Erdbeeren gab und pflanzte für sie ein Apfelbäumchen. Wenn Johann in die Stadt fuhr, nahm er sie mit zum Eis essen. Inzwischen war Lisa fünf. Sie wusste, das Haupthaus und dessen unmittelbare Umgebung waren für sie verboten. In die Küche durfte sie durch den Hintereingang. Am Ende des Parks, der weiße Pavillon, das war ihr Reich, dort spielte sie.

Henrik Adams steht unschlüssig an der Terrassentür, die Mahnung seines Arztes noch im Ohr. Luft, Sonne, mehr Bewegung. Soll er wirklich? Das Wetter ist schön, nichts spricht gegen einen Spaziergang. Seufzend macht er sich daran, den Park zu erkunden. Lange ist es her, dass er hier gewesen ist. Er umrundet das Haus, geht über den Rasen, durch Buchsbaumhecken. In seiner Kinderzeit bildeten sie ein Labyrinth, in dem er sich gern versteckt hat. Er betritt den Rosengarten, der verschwenderisch blüht. Wann ist er hier eigentlich das letzte Mal gewesen? Nach dem Tod seiner Frau hat er den Park nie mehr betreten. Hier ist das Gewächshaus, das reicht. Er dreht um. Ihm fällt der Pavillon ein, dort hat er früher mit seiner Frau oft Tee getrunken. Ob der noch existiert? Irgendwo zwischen den hohen Rhododendren gab es früher einen schmalen Pfad. Henrik schiebt sich durch die Büsche und stutzt. Was ist das? Gesang? Eine Kinderstimme.

„Maikäfer flieg, der Vater ist im Krieg ..."

Leise geht er näher. Ein kleines Mädchen in roter Latzhose, den rechten Arm hoch ausgestreckt, im linken einen Teddybären an sich gedrückt, steht dort und singt „... Pommerland ist abgebrannt, Maikäfer flieg."

Sie lässt den Arm sinken. „So, Bär, jetzt ist der Maikäfer bald wieder zu Hause, wir können weiteressen."

Henrik sieht den Pavillon. Frisch gestrichen. Tisch, Stühle, wie früher. Auf einer Kinderbank mit bunt gestreiften Kissen sitzen Puppen. Das Kind nimmt eine Schüssel und hockt sich vor die Puppen.

„So Püppis, schön essen. Ein Löffelchen für mich, ein Löffelchen für Oma, ein Löffelchen für Berta, ein Löffelchen für Johann, ein Löffelchen für Mark."

Was sind das für Namen? Das ist doch sein Personal. Woher hat das Kind das? Das Bild erinnert ihn an seine Schwester, die hier oft gespielt hat. Das ist lange her. Sie ist mit ihrem Mann bei einem Flugzeugabsturz ums Leben gekommen. Unwillkürlich seufzt er laut auf. Die Kleine scheint etwas gehört zu haben und dreht sich um. Henrik will sie nicht erschrecken, er tritt hinter dem Busch hervor und sagt, so freundlich er kann, „Guten Tag, schön hast du gesungen." Sie schaut ihn ernsthaft an. „Möchtest du auch ein Löffelchen?", fragt sie. Henrik nickt unwillkürlich.

„Hier." Lauwarmer Vanillepudding mit Himbeersaft, ein längst vergessener Geschmack, ihm wird ganz weich zu Mute.

„Wer bist du?" fragt er.

„Ich heiße Lisa und wohne mit meiner Mutter dort hinten." Sie zeigt Richtung Nebengebäude. „Dort wohnen noch Berta, Johann und Mark. Ich darf nur hier spielen. Hinten in dem weißen Haus wohnt ein böser alter Mann. Der mag keine Kinder und frisst sie auf."

„Hat dir das deine Mutter gesagt?"

„Nein, die Leute, die in der Straße weiter runter wohnen." Sie schaut ihn nachdenklich an. „Und wo kommst du her? Der böse alte Mann bist du nicht, du siehst freundlich aus, nur ein bisschen traurig."

Henrik schluckt. So war das also. Das Kind Lisa lebt offenbar in seinem Haushalt. Das muss er erst einmal verdauen.

„Äh, ich? Ich komme aus der Waldsiedlung und habe mich beim Spazieren gehen etwas verlaufen."

„Das kann vorkommen", meint sie altklug. „Aber ich finde es gut. Sonst wärst du nicht hier. Spielst du mit mir Memory? Zu zweit macht es mehr Spaß als allein."

„Gern, wenn du es mir zeigst."

Es wird für Henrik ein richtig schöner Nachmittag. Er lernt noch „Mensch ärgere dich nicht" und „Spitz pass auf."

Nach einiger Zeit packt Lisa Spiele und Puppen ein.

„Ich muss jetzt nach Hause. Kommst du morgen wieder? Aber gleich mittags. Dann können wir länger spielen. Wie heißt du eigentlich?"

„Heinrich. Aber ich kann nur kommen, wenn du niemandem davon erzählst. Das ist ein fremdes Grundstück, da kann ich Ärger bekommen. Es muss unser Geheimnis bleiben."

„Großes Ehrenwort."

Henrik spaziert nun jeden Nachmittag in den Park. Johann wundert sich, wie hat Dr. Bridel das nur geschafft? Zugleich sind er, Katharina, Berta und Mark besorgt. Was ist, wenn er auf Lisa trifft? Soll das Kind im Hause bleiben? „Lisa einsperren? Niemals", sagt die resolute Berta. „Wir warten erst mal ab, ob er sie trifft. Dann erklären wir alles und sehen, wie unser Herr reagiert und was für ein Donnerwetter er veranstaltet."

Das Donnerwetter bleibt aus. Die Tage vergehen. Henrik geht regelmäßig spazieren. Aber seltsam, er wirkt wie verwandelt. Freundlich ist er, spricht mit seinen Leuten, erkundigt sich nach deren Wohlbefinden. Merkwürdig.

Heike Konetzni

geboren 1971, lebt in Bredstedt und schreibt Gedichte und Kurzgeschichten. Von 2004 bis 2007 war sie ehrenamtlich Mitglied im Hempels e.V. und schrieb Beiträge als Mitglied der Husumer Äkstrablatt-Redaktion des sozial engagierten Straßenmagazins Hempels. Außerdem ist sie mit Texten in dem Band „Mit dem Sterben leben" vertreten, der vom Hospizverein Südtondern herausgegeben wurde und in einigen Mohland Extra-Ausgaben. Ihre Texte sind sowohl in den Mohland Jahrbüchern 2007–2011 als auch in den Weihnachtsausgaben 1–5 veröffentlicht. Als Mitglied im Kieler Nordbuch e.V., war sie in dessen Anthologien „Fundstücke" vertreten.

Heike Konetzni

Verborgene Talente

Langsam betraten Markus und Tom die kleine Kneipe. Markus war gerne hier. Ihm gefiel das Flair. Der Besitzer war ein eingewanderter Amerikaner und die Kneipe vermittelte jedem Gast das Gefühl, er befände sich auf einer USA-Reise. An den Wänden hingen amerikanische Nummernschilder und viele USA-Fotos. Markus' Freund Tom hatte weniger Interesse an dem besonderen Flair. Er hatte viel mehr Freude daran, interessante Frauen kennen zu lernen.

Die beiden begaben sich an die Theke und bestellten sich jeder ein Bier. Markus war ein eher zurückhaltender junger Mann. Tom liebte es, mit Frauen zu flirten. Es dauerte nie lange, bis er sozusagen seine Angel ausgeworfen hatte, um aufregende Beute zu machen. Er konnte sehr charmant sein, aber eigentlich war er sehr arrogant. Er prahlte stets mit seinen vielen Eroberungen und war sehr bemüht, Markus das Flirten beizubringen. Manchmal nervte Markus das und das Verhalten seines Freundes war generell nicht immer fair. Er spielte mit den Frauen.

Auch heute dauerte es nicht lange. Tom ließ ein paar Mal seine verführerischen Blicke umherwandern und nach einer Weile gesellten sich auch schon zwei attraktive Frauen zu den beiden.

„Hallo, ich bin Tom. Das ist mein Freund Markus. Seid ihr öfters hier? Ich meine, so tolle Frauen wären mir doch aufgefallen!"

„Na ja, wenn das so ist, ist deine Frage ja unsinnig", entgegnete eine der Frauen schlagfertig. Es war deutlich erkennbar, dass sie eher den unsicher wirkenden Markus beobachtete und an Tom gar kein Interesse hatte.

„Wollen wir uns nicht in die kuschelige Ecke da hinten setzen?", schlug die andere Frau vor. „Ich bin Lisa und das ist Julia."

Gut gelaunt ließen die vier sich wenig später in einer gemütlichen Ecke nieder. Tom gab noch lange nicht auf, wenn auch er merkte, dass Julia schnell genervt schien von seinen Flirtversuchen.

„Hat dir eigentlich schon mal jemand gesagt, dass du traumhaft blaue Augen hast? Darin kann man sich richtig verlieren", fuhr Tom mit seinem Flirtversuch fort.

„Ja, ständig. Das kannst du dir ja wohl denken."

„Wie findest du denn meine Augen?", mischte sich nun auch Lisa ein.

„K..lasse", antwortete Tom ein wenig verwirrt.

Markus hatte eine Weile gelauscht, aber dann vertrieb er sich die Zeit damit, die Live-Band zu beobachten, die oft abends in der kleinen Kneipe amerikanische Folk-Musik spielte. Er hörte gerne gute Live-Musik. Sie trug zu einer schönen Atmosphäre bei.

Einige Zeit hatte Julia Tom noch zugehört, aber irgendwann langweilten seine machohaften Sprüche Julia dermaßen, dass sie sich wieder Markus widmete. Sie betrachtete seine aufmerksamen Blicke und lauschte ebenfalls der Live-Band.

Kurze Zeit später begann Julia sich mit Markus über Musik zu unterhalten. Zunächst antwortete Markus nur sehr zögerlich, aber irgendwann blühte er förmlich auf. Auch

Tom entging nicht, dass Julia und Markus sich angeregt unterhielten. Eifersüchtig setzte er sich direkt neben Julia. Doch Julia hatte längst genug und wurde plötzlich sehr direkt.

„Sag mal, Tom, siehst du nicht, dass ich mich mit Markus unterhalte? Lass mich doch einfach mal in Ruhe. Ich mag deine Art nicht, aber vielleicht findet Lisa dich toll. Also bitte. Ich stehe nicht auf Machos."

Tom erschrak heftig. Er war es nicht gewohnt, dass Mädchen seinen Flirtversuchen widerstehen konnten und so offen Kritik an ihm übten. Gekränkt begann er nun einen Flirt mit Lisa, aber die warf ihrer Freundin einen heftigen Blick zu, begab sich zum Kneipentresen und bestellte sich einen mexikanischen Cocktail.

Markus unterhielt sich weiter mit Julia. Er verstand sich gut mit ihr. Plötzlich packte Tom Markus an der Schulter.

„Komm, lass uns gehen. Die Musik ist heute wieder dermaßen schlecht. Mich nervt das einfach nur. Du magst doch auch viel lieber amerikanische Rockmusik als dieses volkstümliche Gedudel."

„Lass uns noch bis zur Pause bleiben. Dann ändert es sich ganz sicher. Selbst mit altmodischen Instrumenten kann man etwas Rockiges bieten. Wart's ab."

Nach einer weiteren Stunde machte die Band eine längere Pause. Markus fühlte sich nach dem Gespräch mit Julia so beflügelt, dass er plötzlich aufstand, sich nach vorne begab und das Akkordeon ergriff.

„Was macht der denn jetzt? Hast du ihn dazu angestachelt, Julia?"

„Mir scheint, du kennst ihn gar nicht. Das war schon ganz alleine seine Idee!"

Markus spielte sich kurz ein wenig ein und dann spielte er auf dem Akkordeon einen Rocksong nach dem anderen. Als Letztes spielte er „Rock around the clock" während die Kneipengäste begeistert mitwippten und rhythmisch klatschten.

Sogar Tom ließ sich von seinem Freund antreiben und zum ersten Male sah er seinen Freund in einem ganz anderen Licht. Er musste zugeben: In Markus schlummerte ein kleiner Entertainer!

Heike Konetzni

Geburtstagsständchen

Ich sah ihn schon von weitem. Er saß auf einem kleinen Hocker und hielt eine Gitarre in den Armen. Wann er wohl Geburtstag hatte? Was machte er an einem solchen Tag? Ausgerechnet an meinem Geburtstag hatte ich eine wichtige ärztliche Untersuchung und war ziemlich frustriert. Den Tag hätte ich gerne anders gestaltet. Traurig schlenderte ich allein durch die vielen verwinkelten Gassen auf der Suche nach etwas Magie oder Ähnlichem. Kaum einer schien den Straßenmusikanten wahrzunehmen. Ein paar gelangweilte Touristen betrachteten ihn neugierig. Vielleicht wollten sie ein Foto von ihm, obwohl es keine Japaner waren. Die Sonne schien und es waren kaum Wolken am Himmel. An und für sich ein schöner Tag. Ich unternahm den Versuch, mich in einem großen Kaufhaus abzulenken und mischte mich unter die Leute. Doch schon nach einer Weile fühlte ich mich überfordert und verließ das Gedränge wieder. Ich beschloss, mir eine leckere Waffel zu kaufen und näherte mich dem Geschäft, vor dem der Straßenmusikant spielte. Zum ersten Mal vernahm ich seine schönen Melodien und wurde hellhörig. Er spielte wirklich schön. Die Leute eilten vorbei und beachteten ihn nicht. Auch die Touristen waren weitergezogen auf der Suche nach Sensationen. Auch ich wollte weitergehen, aber irgendetwas faszinierte mich an dem Straßenmusikanten. Er konnte gut spielen. So stellte ich mich vor das Geschäft, um der Musik ein Weilchen zu lauschen.

Je länger ich zuhörte, umso schöner fand ich die Songs. Nebenbei genoss ich die Waffel. Eigentlich ein perfekter Moment. Als der Straßenmusikant eine kleine Pause einlegte, kam mir plötzlich eine außergewöhnliche Idee. Zögerlich bewegte ich mich auf den flippig wirkenden Musiker zu. Er schien noch sehr jung zu sein. Ich fasste mir ein Herz und begrüßte ihn. Er grüßte freundlich zurück. Dann sprach ich ihn an: „Sie spielen schön. Darf ich mir etwas wünschen? Ich habe heute Geburtstag."

Der Mann grinste kurz und sagte: „Oh, na dann herzlichen Glückwunsch. Wie alt sind Sie denn geworden?"

„Neunundzwanzig", antwortete ich und kam mit dem Fremden ins Gespräch. Er erklärte mir, dass er nur ab und zu hier spielte, weil er die meiste Zeit mit seinem Studium verbrachte. Vielleicht studierte er ja etwas Musikalisches. Wir unterhielten uns eine Weile über dies und das.

„Was für einen Wunsch haben Sie denn?", fragte er schließlich und kramte ein kleines, vergilbtes Songbuch hervor. Ich begann interessiert in dem Buch zu blättern.

„Haben Sie etwas von Bob Dylan?"

Er zögerte. „Ja. „Blowing in the wind", aber ich habe es lange nicht gespielt. Ich muss es versuchen."

Und dann versuchte er es tatsächlich. Er traf nicht viele Töne. Es war grausam, aber er spielte es laut vor all den vorbeiziehenden Leuten. Es war ihm egal, wie falsch es klang. Er spielte es für mich.

Nachdem er fertig war mit dem Song, waren wir uns schnell einig, dass er diesen Song dringend noch einmal üben müsste. So sagte ich zu ihm:

„Ach, wissen Sie was, suchen Sie doch einfach den Song aus, den sie am liebsten spielen mögen und spielen mir diesen vor."

Er willigte ein und wenig später stand ich mitten in der belebten Einkaufszone mit einem fremden Straßenmusikanten und genoss mein ganz persönliches Geburtstagsständchen von Pink Floyd.

Claudia Maier

geboren 1980 in Wien und als EDV-Trainerin tätig. Sie liebt es, Geschichten, Gedichte und Sprüche zu schreiben. Dabei kann sie ihren Gedanken und Gefühlen Ausdruck verleihen.

Bisherige Veröffentlichungen: Eine Fantasygeschichte im CAM-Verlag, vier Gedichte (Edition Leselust Verlag), ein Weihnachtsmärchen in der KRONE (Wiener Tageszeitung), zwei Sprüche, drei Gedichte und ein Weihnachtsmärchen (Mohland Verlag), drei Gedichte in den Ausgewählten Werken der Bibliothek deutschsprachiger Gedichte (Realis Verlag), zwei Gedichte in den Jahrbüchern der Frankfurter Bibliothek (Frankfurter Brentano Gesellschaft), drei Gedichte in „Die Besten – Ausgewählte Werke aus der Frankfurter Bibliothek" (Frankfurter Literaturverlag).

Claudia Maier

Der Ton macht die Musik

Man kann jemanden nach seiner Schulbildung fragen,
aber doch bitte nicht
in der Notfallambulanz eines Krankenhauses!

Man kann selbstverständlich an seinem Gegenüber
Kritik üben,
aber muss man dabei gleich beleidigend
oder noch schlimmer, verletzend sein?

Es kommt immer darauf an, wie man etwas sagt!

Dabei ist einerseits die Wortwahl
und andererseits die Sprachmelodie
von großer Bedeutung!

Zudem wäre es sinnvoll,
wenn wir uns Gedanken
über die Konsequenzen
mancher Aussagen machen!

Das gesprochene Wort ist ein Geschenk an uns Menschen!

Es sollte das Ziel jedes Einzelnen sein,
den Wert des Geschenks anzuerkennen
und es achtsam einzusetzen!

Christine Matha

Geboren in Brixen. Derzeit wohnhaft in Brixen. Sie experimentiert visuelle Poesie und beteiligt sich an Sammelausstellungen im In- und Ausland. Promotion an der Universität von Padua in literarischen Fächern, Schwerpunkt Ästhetik (Kunstkritik).

Ab 1968 tätig in der Kunstrestaurierung. Freie Mitarbeiterin bei der Neuauflage des Allgemeinen Künstlerlexikons – Leipzig (Ex Thieme Becker). Publikationen von mehreren Gedichtbänden in italienischer, deutscher und zweisprachiger Auflage. Diverse Kurzgeschichten in Anthologien (Mohland Verlag, Goldebek). Haikus in der Haikuanthologie des Haikukreises München (Deutsch-japanische Gesellschaft – Bayern).

Mitautorin und Kuratorin zusammen mit Diana Lo Mei Hing der Kunst- und Poesieausstellung: Der geheime Garten, il giardino segreto, the secret garden im Privatgarten des Hotels Elephant in Brixen. Im gleichnamigen Buchkatalog wurden dreisprachige Jahreszeitenhaikus (deutsch–italienisch–englisch) veröffentlicht.

Christine Matha

Kein Herzklopfen mehr …

Wir haben uns
dann wiedergetroffen –
ich schaute verstohlen
in dein Gesicht.
Du blicktest nur ins Leere
du sahst mich wohl nicht …

Es ist uns ergangen
wie vielen Paaren,
die sich nicht mehr mögen
nach vielen Jahren.
Nur Zeit ist vergangen
und mehr ist es nicht.

Kein Herzklopfen mehr –
nur ein Stein auf dem Herzen –
es gibt Berge von Bitterkeit
noch zu verschmerzen.

Da stehst du beleidigt –
häufst Klagen auf Klagen,
ich möchte zwar auch noch
Einiges fragen –
Und tu' es doch nicht.

Wir gehen auseinander –
Du gibst mir die Hand –
haben wir uns wirklich
einmal gekannt?
noch ein Gruß und ein Blick –
unsre Zeit ist vergangen
und kommt nie mehr zurück.

Christine Matha

Schattenliebe

Draußen hatte sich die Landschaft verändert, die Berge waren vom Horizont verschwunden und die fruchtbare Ebene weitete den Blick und zeigte sich bereits mit den ersten schüchternen Frühlingsblüten.

Sandra hatte ein aufgeschlagenes Buch vor sich, aber sie konnte sich nicht darauf konzentrieren, wie ein Film rollte die Vergangenheit vor ihrem geistigen Auge wieder ab.

Sie sah ihn vor sich, ihren Geo mit seinen blauen Augen, den dunkelblonden Haaren und zerknautschtem Gesicht, er kam ihr vor wie ein großes Kind, das soeben aufgeweckt worden war.

Vor sieben Jahren hatte sie sich von ihrem Freund getrennt. Aber trotz der geographischen Entfernung, hatten sie sich nie aus den Augen verloren, schrieben sich regelmäßig immer noch per Post und ab und zu telefonierten sie miteinander. Sandra liebte sie über alles, seine weiche Stimme mit dem lässigen, römischen Akzent und seine mediterrane Ironie mit der er es verstand, die Dinge zu relativieren und zu entschärfen

Geo war ein paar Jahre jünger als sie und hatte sich schon sehr früh als Maler und als Bühnenbildner einen Namen gemacht, worauf Sandra besonders stolz war. So hatten sie sich kennengelernt, als Sandra in einem Team von Restauratoren in Rom gearbeitet hatte. Geo hatte sich für die Restaurierung der Fresken interessiert, die in der Kirche seines Wohnviertels stattfand. Die gemeinsame Liebe für die Malerei verband sie sofort und schon bald waren sie ein unzertrennliches Paar geworden. Das Pärchen von Peynet nannten sie die Freunde. Nach dem Abschluss ihrer Ausbildungsarbeit wollte Sandra in Rom bleiben und Geo gelang es, ihr eine Stelle in einer Kunstgalerie zu beschaffen, wo sie auch eine Unterkunft bekam. Das Gehalt war bescheiden, aber es reichte zum Überleben und sie war fast wunschlos glücklich.

Der Job im Kunsthandel gefiel ihr gut, doch bald stellte sich heraus, dass der Galerist, ein Bekannter Geos, ihre Arbeit als Nebensache betrachtete und sich von ihr andere, sehr persönliche Dienste erwartete ... Als sie Geo davon erzählte, versprach er, ihr eine andere Arbeit zu suchen, aber die gelassene Milde mit der Geo die kühnen Avancen ihres Chefs beurteilte, irritierte sie und die Arbeitssuche erwies sich langwieriger als gedacht ... Sandra fühlte sich von Geo mit ihren Problemen alleingelassen. Verbunden mit ihrer Enttäuschung in der Arbeit kam es zur Krise in der Beziehung.

Geo machte kein Hehl daraus, dass er sich eingeengt fühlte. Er hatte geglaubt, sie wäre eine emanzipiertes, intelligentes Mädchen aus dem fortschrittlichen Norditalien und konnte nicht verstehen, dass sie sich, wie irgendeine kleinkarierte römische „signorina", die Ehe wünschte, vor der es ihm graute. Er stammte aus einer kinderreichen Familie und hatte immer die Enge und das Teilen müssen gehasst. Er wollte frei sein und für die Kunst leben.

Aber dann, als Sandra sich von ihm getrennt und Rom verlassen hatte, kam für Geo die Veränderung. Er schrieb ihr, dass er erst nach ihrer Abreise verstanden hätte, was ihre Liebe ihm bedeutete und dass er weiterhin mit ihr Kontakt haben möchte, wenn sie ihm seine Unreife verzeihen könne. Sandra verdrängte den unterschwelligen Rest von Bitterkeit und es begann ein reger Briefwechsel.

Ein paar Jahre vergingen. Sandra hatte einen neuen Freund gefunden und war dabei, sich von ihrer Jugendliebe zu lösen.

Eines Abends kam ein Anruf und sie hörte nach längerer Zeit wieder Geos Stimme. Eine schmeichelnd sonore Stimme die da sagte, er werde mit der Theatergruppe in ihre Stadt kommen und würde sie gerne wiedersehen. Im Nu schien die Zeit zurückgedreht.. Geo würde kommen und die alte Spannung war wieder da.

Das Wiedersehen verlief harmonisch und dennoch, irgendetwas hatte sich verändert, nur was es war, das konnte Sandra sich nicht erklären. Geo war wie immer brillant und voll zärtlicher Aufmerksamkeiten und doch auch irgendwie fremd und ausweichend geworden.

Dann nach der Theateraufführung und der gemeinsamen Nacht im Hotel war Geo wieder abgereist und alles war genauso unbestimmbar wie zuvor. Sandra aber machte Schluss mit ihrem neuen Freund und lebte wieder von den Briefen, die hin und her gingen.

Irgendwann kam der Tag, da sie sich sagte, so geht es nicht mehr, ich muss Geo wiedersehen, um endlich zu verstehen was uns zusammen hält. Eine, es wohlmeinende, Freundin hatte ihr davon abgeraten: „Du wirst nur eine Enttäuschung erleben, denn wenn er dich lieben würde, hätte er es dir schon längst beweisen können. Dieser Mann will doch nur eine bequeme Schattenliebe, verstehst du das denn nicht?"

Doch Sandra ließ sich nicht beirren, sie musste ihn wiedersehen und dann war es die Gelegenheit für eine Reise nach dem geliebten Rom.

Bald darauf rief sie Geo an, der auf das bevorstehende Treffen ohne große Begeisterung reagierte, und nur sagte, sie bräuchte kein Hotelzimmer, er hätte die Möglichkeit sie unterzubringen. Sandra fragte nicht weiter, sie wusste Geo hatte viele Freunde, er würde schon irgendwo eine Bleibe für sie finden. Sie freute sich jetzt auf das Bummeln durch die kleinen Seitenstrassen der Via del Corso; endlich würde sie die prickelnde Leichtigkeit wieder spüren, die ihr im Norden so fehlte. In Rom fühlte sie sich von mehr Heiterkeit getragen, das Leben schien dort so spielerisch dahinzuplätschern wie die vielen großen und kleinen Fontänen, die das Stadtbild bestimmen.

Und dann war endlich der Bahnhof Termini erreicht und Sandra hatte Mühe, im Menschengewühl Geo ausfindig zu machen. Er war irgendwie anders als in ihrer Erinnerung, sah sehr gepflegt aus, was sie an ihm, der den Bohemien-Look mit seinen bunten second-hand-Hemden immer beibehalten hatte, ganz neu fand. Nun, sie waren jetzt beide in den dreißiger Jahren, also hatte auch der Antikonformist sich etwas verbürgerlicht. „Du kannst in der Wohnung meiner Freundin übernachten", sagte er, während sie zum Taxistand gingen und als sie erstaunt fragte: „Deine Freundin?", fügte er gleich hinzu: „Ja, ich wohne zur Zeit mit Cinzia zusammen, sie hat sich erst vor kurzem von ihrem Mann getrennt und leidet noch darunter. Aber, wir sind nur gute Freunde, verstehst du?"

Sandra schwieg enttäuscht, irgendetwas in Geos Stimme klang unecht und verlegen. Aber vielleicht war es wirklich nur eine Freundin, Geo war nicht der Typ des Latin Lovers, also warum gleich schlecht denken.

Die Wohnung seiner Freundin war gleich hinter der Piazza Navona und Sandra wurde von einer attraktiven Römerin voller Freundlichkeit empfangen. Die etwa Vierzigjährige stellte sich vor und fing gleich an sie zu duzen. Sie schien von ihrem Besuch nicht überrascht zu sein und begleitete sie in ein Gästezimmer, was Sandra die gefürchtete Gewissheit gab, dass Geo seinen Platz im Doppelbett einnahm. Cinzia hatte bereits das Abendessen gekocht; die französische Zwiebelsuppe, die Sandra nie geschmeckt hatte. Geos Freundin zeigte sich als perfekte Gastgeberin und plauderte ganz zwanglos über dies und jenes. Während Sandra einsilbig blieb, erzählte Geo vom Theater und schlug ihr vor, am nächsten Tag mit ihm zur Hauptprobe der nächsten Aufführung zu gehen, er wollte ihr die neuen, von ihm geschaffenen Bühnenbilder zeigen.

Gleich nach dem Essen zog sich Sandra in das Zimmer zurück, während Geo und seine Freundin sich noch längere Zeit ziemlich laut im Wohnzimmer unterhielten. Die Nacht verlief schlaflos, jetzt fiel ihr ein, was ihre Freundin gesagt hatte. Geo hatte sich ihr dieses Mal ohne Maske gezeigt und es hätte nicht schockierender sein können. Sie wusste nun, sie würde am nächsten Tag nicht mehr wie geplant bei ihnen übernachten, sondern sich ein Hotel suchen, um ihre Reise nicht vorzeitig abzubrechen. Denn was hätte sie daheim vom Wochenende in Rom schon erzählen können, wenn sie sofort wieder abgereist wäre?

Am Frühstückstisch fragte Cinzia, ob sie gut geschlafen habe und Sandra, die nie gut lügen konnte, antwortete ausweichend und sah dabei Geo an, der verlegen in seinem Kaffee rührte und meinte, sie sollten danach aufbrechen, um rechtzeitig ins Theater zu kommen. Cinzia würde sich später beim Mittagessen in ihrem Lieblingsrestaurant in der Nähe des Pantheons einfinden. Geo hatte dort schon einen Tisch reservieren lassen.

„Nein", sagte Sandra mit dünner Stimme, „ich habe es mir anders überlegt, ich möchte nicht länger eure Gastfreundschaft annehmen, also werden wir uns zu Mittag wohl nicht mehr wiedersehen. Ich danke Euch für das Entgegenkommen, aber ich kann nicht länger hier bleiben."

Cinzia schaute sie ein bisschen verdutzt an und sagte: „O.k., wie du meinst, es hat mich gefreut Geos alte Freundin kennen zu lernen, er hat mir oft von dir erzählt." Sandra konnte es sich nicht mehr verkneifen: „Hat er dir auch erzählt, dass ich mir von ihm mehr als Freundschaft erwartet habe?" Cinzia lachte laut und sagte: „Ach, Geo, der alte Filou sagt nie alles, aber weißt du, ich kenne die Männer und erwarte mir nicht zu viel von ihnen." Sandra schwieg und nahm ihre Reisetasche und als Geo sie ihr abnahm, hätte sie sie am liebsten an sich gerissen. Die Wut auf ihn, der so lässig tat, als ob alles in Ordnung sei, steigerte sich immer mehr. Als sie endlich mit Geo allein auf der Straße war und er, wie gewohnt, ihre Hand nehmen wollte, stieß sie ihn zurück. „Gerade von dir hätte ich mir das nicht erwartet, du bist ja viel gemeiner als irgendeiner von den Spießbürgern, über die du immer gelästert hast. Mich in diese Situation als ungebetener Gast zu bringen, gemeiner hättest du nicht sein können."

„Aber, Sandy, was sagst du da, du wusstest ja, dass ich ein Freigeist bin und Cinzia weiß das auch. Klar, wir leben zusammen, aber sie erwartet sich nichts von mir. Und ich habe dir doch nie irgendetwas versprochen, oder?"

Sandra nahm ihm wortlos ihre Tasche aus der Hand und hastete davon, als ob sie vor jemandem fliehen müsste.

Völlig aufgewühlt erreichte sie das Bahnhofsviertel, wo sie ein Zimmer für die letzte Nacht in Rom buchte. Später am Nachmittag kamen ihr wieder Zweifel, vielleicht hätte sie mit Geo nicht so hart sein sollen. Also versuchte sie ihn telefonisch zu erreichen. Jemand vom Theater antwortete und sagte Geo sei gerade mit den Proben beschäftigt, wenn sie wolle, könne sie später nochmals anrufen. Im gleichen Moment wusste Sandra, dass Geo nicht mit ihr sprechen wollte und, dass es eine weitere Dummheit gewesen war, ihn anzurufen.

Am nächsten Morgen saß Sandra im Zug und fühlte sich so elend wie nie zuvor. Zum ersten Mal aber erkannte sie; Geo war ein Stück ihrer Jugend gewesen und sie musste sich endlich davon lösen; eine Abnabelung die umso schwerer fiel, weil sie so lange damit gezögert hatte.

Barbara Otte

geboren 1960, lebt mit ihrer Familie in Bremerhaven. Absolvierte erfolgreich ein Fernstudium im Lehrgang „Schreiben lernen". Lyrik und Kurzprosa gehören in das Repertoire der studierenden Kinder- und Jugendbuchautorin. Diverse Veröffentlichungen vor allem im Bereich Lyrik: „Wenn heute der letzte Tag meines Lebens ...", „Menschen am Meer", „Frohe Weihnacht im Herzen, Bd. 3", „Gedichteküche", Serie: „Acht Grad Ost hinterm Deich" dazu das Buch: „Ich red sie schön." Neu in Planung: „Heißer Sommer" - Jahreszeiten-Anthologie des Elbverlag (Junie 2012).

Barbara Otte

Gebrochenen Herzens

Verblasste Szenen
einer verlorenen
Liebe,
dessen Ende
soeben als
Abschiedsbrief
geschrieben wurde.
Stechender Schmerz
eines gebrochenen
Herzens,
dessen Gefühl man
unwiederbringlich
Abschied
nennen wird.

Barbara Otte

Frostig

In klirrender Kälte
vereisten Herzens und
frostigem Blick,
sagtest du
eiskalt und
unverfroren mit
unterkühltem Ton

Leb wohl!

Rolf Pickenpack

geboren 1940 wuchs in Ihrhove, einem damals noch kleineren Dorf in Ostfriesland auf. Später wurde dieser Ort Teil der Gemeinde Westoverledingen. Er liegt etwa auf halber Strecke zwischen Leer und Papenburg.
Nach Kindheit und Schulabschluss zog es ihn in die Großstadt nach Hamburg, wo er eine Lehre zum Groß- und Außenhandelskaufmann absolvierte. Im Anschluss an einen mehrjährigen Auslandsaufenthalt in West-Afrika führte ihn seine berufliche Laufbahn dann wieder zurück nach Hamburg. Während seiner 30-jährigen beruflichen Tätigkeit bei einem weltbekannten Hamburger Kosmetikkonzern bereiste er alle fünf Kontinente.
Erst relativ spät, im Rentenalter, entdeckte er sein Faible für das Schreiben. Bisherige Eigenpublikationen (Kinder- und Jugendbücher):
„Eddi – Erlebnisse eines Cocker Spaniels" (2006 August von Goethe Literaturverlag), „Tierische Gute-Nacht-Geschichten" (2009 Books on Demand – ISBN 978-3-8370-2317-6, auch als Ebook erhältlich), diverse Anthologiebeiträge (Lyrik, Prosa und Kurzgeschichten).

Rolf Pickenpack

Sonnenbad

Verdrießlich schaut Kai-Uwe drein,
und ärgert sich über alle Maßen.
Das kann doch alles wohl nicht sein,
was abgeht auf den Straßen.

Sein Hund war wieder einmal ausgerissen,
so schnell, dass niemand folgen konnte.
Die Bullen redeten ihm streng ins Gewissen,
weil er sich mitten auf der Straße sonnte.

Dann scheuchten sie das arme Tier
ganz unbarmherzig fort von hier.
Der Hund, seit damals ganz verstört,
hat nie mehr auf die Polizei gehört.

Rolf Pickenpack

Dann kämpfe!

Dir fehlt der Mut,
Es fehlt der Antrieb,
Es fehlt an Ausdauer,
Es fehlt an Herz.

Wenn zarte Aufbruchstimmung
einen neuen Anfang aufzeigt,
doch trübe Vorboten
aufkeimender Ängste
die Wende im Keim erstickt ...

... dann kämpfe um Mut,
... dann kämpfe um Antrieb,
... dann kämpfe mit Ausdauer,
... dann kämpfe mit Herz.

Holly M. J. Redington

geboren 1946 in Hamburg. 1951-1957 Kindheit und erste Schuljahre in Brighton, Südengland, 1958-1964 Rückkehr nach Deutschland; Sacré Coeur-Gymnasium, Hamburg, 1965-1971 Fremsprachenkorrespondentin; Arztsekretärin, 1981-1992 Umzug nach München; Verkaufssachbearbeiterin; Fremsprachenkorrespondentin, 1993-2008 Selbständigkeit mit „Schreibbüro für Fachtexte in Englisch und Deutsch", 2004 Examen für das „Certificate of Proficiency in English" der Cambridge Universität, England, 2009 CELTA-Ausbildung „Certificate of English Language Teaching for Adults" der Cambridge Universität, England, seit 2011 Assistentin der Geschäftsführung der sacoin Süd GmbH, Feldkirchen.

Holly M. J. Redington

Abschied

Abschied kriecht mir den Rücken herauf,
Bemächtigt sich meiner ganz und gar.
Leib, Hirn und Herz werden
Gefangen gehalten;
Maßlose Trauer kündigt sich an.

Versteckte Tränen hinter zärtlichem Lächeln;
Ich wage es nicht, Dich anzuschauen.
Tausend Worte brennen im Herzen,
Doch meine Lippen erreichen sie kaum.

Wenn letzte Stunden werden zu Qualen,
Weil erinnerungsschwanger von
Vergangenen Tagen,
Dann haben Worte und Berührung
Das Herz erreicht,
Dann gibt es kein Entkommen mehr.

Du gehst zurück in DeineWelt,
Ich bleibe hier, noch ganz verwirrt.
Weiß nicht, wohin mit den Gefühlen
Und der aufgestauten Flut von Tränen

Nach dem Wiedersehen darf ich nicht fragen,
Noch, ob auch in Deinem Herzen
Tränen schimmern.
Gnadenlos, mit einer scharfen Schere,
Zerschneidest Du das zarte Band.

Und hast Du mich auch schnell vergessen,
So wirst Du mich nicht hindern können,
Dir noch so viele Küsse nachzusenden,
Die mir zum Abschied auf der Seele lagen;
Dich von ganzem Herzen nochmals
Zu umarmen – und noch und noch einmal
Dir liebevoll Adieu zu sagen!

Christa Reimann

geboren 1935 in Hambrug, arbeitete fast 40 Jahre als Verwaltungsangestellte. Seit 1995 verfasst sie Texte und hat etliche Schreibseminare besucht. Mehrere ihrer Texte sind veröffentlicht worden. Sie las am 30.11.2011 zur BestenLesung im Literaturhaus Hamburg einen Text vor. Bei der Lesung wurden von 128 Bewerbern nur sechs ausgewählt.

Christa Reimann

Der schwarze Gefährte

Kastagnetten – klappernd, helltönend. Eine Vielzahl von Melodien. Noten – nie von Menschen erdacht. Komponiert vom Meer. Die Kraft der Welle – gebrochen –, wenn sie zurückflutet, um auszuruhen für den erneuten Angriff auf das mit Steinen übersäte Ufer. Herauf und wieder hinab – zurück ins Meer. Wasser leckt mit gieriger Zunge am Strand entlang.

Der Mann sieht der Natur zu. In langer Formation eilen die Wogen zu ihm hin. Schaumkronen zeichnen sich im Mondlicht ab. Sie versinken im Steinufer in vielstimmigen Akkorden.

Sein Blick kehrt zu sich zurück. Sieht ihn: Ganz kurz und schwarz. Er wächst aus seinen Füßen heraus. Aus den Augenwinkeln – hinter sich, erblickt er ihn. Aber nur dann, wenn der Mond so hell und steil über ihm am Nachthimmel hängt, wie eben jetzt. Plötzlich presst er die Hacken im Sprung an seine Hinterbacken. Landet wieder auf den Steinen. Wieder und wieder – auf und ab. Springt hin und her. Der Mann tanzt zur Wassermelodie. Wirft die Arme in die Höhe. Vergisst dabei nie, den anderen zu verfolgen. Voller Freude, wenn der alle seine Bewegungen mit vollzieht.

Der Mann, voll von Lust – tanzt nach der Wellensymphonie. Der andere – der kurze Schwarze – lautlos hüpft er mit ihm. Die Bewegungen des Mannes werden hastiger, eifriger. Der Kurze schwingt mit ihm. Immer schneller. Schneller. Der Atem des Mannes – stoßweise. Sein Blick zurück zu seinen Füßen. Geduckt, lauernd – aus der Erde wachsend – der Schwarze. „Komm, komm! Lasst uns tanzen!" Und wieder beginnt der Mann zu springen. Verzückt auf das Ding zu seinen Füßen achtend. Einen wilden Tanz zu den klappernden Meereskastagnetten. Der Schwarze ahmt ihm alles nach. Mehr, mehr, mehr! Schneller, schneller, schneller! Schweratmend hält er inne. Er sinkt auf die Knie, dann vornüber auf die Brust. Versucht sich abzustützen. Aber die Beine versagen ihm den Dienst. Seitwärts schlägt er mit dem Kopf auf die Steine. Er will den kurzen Schwarzen erblicken. Nichts, nichts. „Ich muss wieder tanzen. Dann kommt er zurück." Er versucht sich zu erheben, aber es gelingt ihm nicht.

Eine Welle tastet sich an den Mann heran. Schleckend, wie die Zunge eines jungen Hundes. Schließlich ihn ganz überspülend. Sie zerrt an ihm. Bis er ganz von ihr erfasst wird. Sie rollt, rollt mit ihm ins Meer und mit ihm sein schwarzer Gefährte.

Christa Reimann

Töpfe

Die Fee lebte in einer Hütte im Wald. Wenn die Sonne warm schien, flüchtete sie in ihre Behausung und verkroch sich unter Decken auf ihrem Lager. Sie hasste Sommer, Sonne und Wärme. Aber sie liebte den Regen, die Wolken und die Kühle.

Wenn der Regen auf das Dach ihres Hauses trommelte, rannte sie hinaus. Streckte sich dem Himmelswasser entgegen. Ihr Schleierkleid klebte dann wie eine zweite Haut eng an ihrem grazilen Körper. Das schwarze Haar schleuderte sie wie einen Pferdeschweif im Kreis um sich. Sie schleuderte und schleuderte. Die Tropfen sprangen nur so um sie herum. Je schneller sie den Kopf bewegte, um so mehr Tropfen spritzten. Dabei sprach sie mit weicher Stimme:

„Regen rinne
Tropfen springe
So rein und klar
Aus meinem Haar."

Schnell eilte sie ins Haus zurück. Lief in die Küche und trug alle Töpfe vom Herd ins Freie Es waren dies acht Töpfe von verschiedener Größe. Mit einem Stock beschrieb sie einen Kreis in den Waldboden. Esmeralda, so hieß die Fee, setzte nun die Töpfe einem nach dem anderen in den Kreis. Sie sprang in die Mitte und wandte ihr Gesicht, das so zart wie Porzellan war, dem Regen entgegen und rief:

> „Regen rinne
> Tropfen springe
> So dick und schwer
> In die Töpfe hin und her."

Und wieder und wieder ließ sie ihren Haarschopf kreisen. Ihre nackten Füße trommelten in den feuchten Waldboden nach der Tropfenmelodie, die durch die unterschiedlich großen Töpfe hervorgerufen wurden. Die kleineren Töpfe ließen hohe Soprantöne entstehen und die großen, tiefen vollen Bass. Es war ein Lied von einem nie gehörten Klang. Und Esmeralda tanzte dazu. Sie reckte ihre Arme dem Regen entgegen und drehte sich in des Kreises Mitte. Schnell und immer schneller. Sie lachte und jauchzte:

> „Regen rinne
> Tropfen springe
> Bis du wirst hart wie Stein
> Dann bist du auf ewig mein."

Außer Atem sprang sie aus dem Topfkreis hinaus. Stellte sich unter den Dachvorsprung ihrer Hütte und starrte gebannt in den Regenvorhang. Hörte auf die Tropfenmelodie. Sie wurde immer lauter. Es platterte nur so. Wie eine Oktave tönte es hin und her. Dann hörte es urplötzlich auf. Esmeralda sprang auf die Töpfe zu. Blickte gebannt: Alle acht waren bis zum Rande mit funkelnden Diamanten gefüllt. Rubine, Smaragde, Saphire. Rotleuchtend, grünschimmernd, blauglitzernd. Ein herrliches Feuer, das sich in den Feenaugen widerspiegelte.
Sie nahm die Töpfe einen nach dem anderen auf die Arme und trug sie ins Hütteninnere. Hier wuchtete sie im Fuß-

boden eine Holztür auf und leerte die Töpfe aus. Klappernd, helltönend ergoss sich die glitzernde Flut in den schon mit Diamanten halbvollen Keller. Hüpfend, springend im eiligen Tun.

Esmeralda wisperte:

> „Ihr seid mein
> Stein und Stein
> Regen rinne
> Tropfen springe."

Esmeralda blinzelte. Durch die Fensterscheibe huschte die Sonne. Auf ihren langen Goldstrahlen tanzte der Staub. Sie flüchtete auf ihr Lager. Verkroch sich unter der Decke. Sie war so erschöpft. Den Sonnentag verschlief sie. In ihren Träumen tanzte sie zur Tropfenmelodie.

Eva Roder

geboren 1945 in Leipzig, lebt seit 2004 in der Schweiz. Nach ihrer Lehre als Industriekauffrau absolvierte sie ein Studium der Betriebswirtschaft. Die Autorin von Kurzgeschichten nimmt an Internetausschreibungen teil und veröffentlicht ihre Werke in Anthologien.

Eva Roder

Der Ton macht die Musik

Er saß mir gegenüber in der S-Bahn, schlank, jugendlich, dunkelhaarig, ein Ausländer. Einen Arm hatte er schwer über den kleinen Abfallbehälter am Fenster gelegt, den er festhielt und den anderen Arm kräftig auf den Sitz neben sich gestemmt. Er beugte sich etwas nach vorne und war mit seinen Gedanken beschäftigt. Seine dunklen Augen starrten konzentriert vor sich hin. Mit irgendeinem Problem schien er zu ringen. Obwohl höchstens 18 Jahre alt, schien sein Problem älter zu sein als er.

Seine Bekleidung war einfach und nicht sehr gesucht. Sein Blick war zwar direkt, aber er sah mich nicht an.

Einige Stationen lang saß er so da. Plötzlich meldete sich sein Handy. Er nahm es aus seiner Jackentasche und meldete sich. Nach einer Weile des Zuhörens antwortete er:

„Ich hatte dich nur angerufen, um dir zu sagen, dass ich dich nicht mehr anrufe. Das hatte ich auf's Band gesprochen."

Es ist ja heute üblich, fremde Menschen an den privatesten Gesprächen teilnehmen zu lassen, anders als früher. Vielleicht ist es aber auch nur ein Zeichen dafür, dass sogenannte private Themen in Wirklichkeit völlig banal sind und von jedermann mitgehört werden können, ohne schädliche Folgen. Außer mir befanden sich noch weitere Personen in der Bahn, aber es interessierte niemanden weiter. Manche hörten in sich hinein oder in ein Musikwiedergabegerät, manche lasen, sahen aus dem Fenster usw. Hätte dieser junge Mann nicht direkt mir gegenüber gesessen, auch ich hätte das einfach überhört.

„Ich kann das einfach nicht mehr machen, ich muss was arbeiten, weißt du. Das verstehst du nicht, kannst du gar nicht. Wir haben höhere Beträge jetzt, es ist schwieriger als früher."

So diskutierte der junge Mann weiter mit seinem mir unbekannten Gesprächspartner. Er hörte etwas unwillig auf die immer wieder erhobenen Einwände des anderen. Ich dachte, hoffentlich verpasst er nicht seine Station zum Aussteigen. Allmählich schien er unruhig und ungeduldig zu werden. Wer weiß, um welches wichtige Thema es da ging.

„Wir können nicht so weiter machen, vergiss es. Du hast keine Ahnung, ich muss mithelfen. Meine Familie hat sich entschieden. Von mir kriegst du keinen Anruf mehr. Ich habe dich komplett gestrichen." So sprach er weiter mit schon etwas erhobener Stimme. Nervös rutschte er auf seinem Sitz hin und her, sah auf die Armbanduhr.

Das Gespräch schien sich auf einen Höhepunkt zuzubewegen. Ob der andere in der Leitung ein Mann oder eine Frau war? Ich konnte es nicht erraten, tippte aber mehr auf ein weibliches Wesen. Wer weiß, was der eine vom anderen wollte. Eine Welt voller Missverständnisse offenbar.

Der Satellit, der solche Gespräche vermitteln muss, verzweifelt wahrscheinlich. Weshalb muss er sich so was anhören. Braucht man dazu eigentlich so viel Hightech? Früher konnte man es sich immer noch mal überlegen, man konnte oder musste einen Brief schreiben. Das dauerte. Viel anstrengender als einfach eine Nummer zu wählen und zu sagen, ich will eigentlich gar nicht mit dir sprechen. Na ja.

„Es ist das letzte Mal, ich muss gleich aussteigen. Ruf mich nicht mehr an. Ich will nichts mehr wissen."

Das waren seine letzten, heftigen Worte. Dann stieg er vor mir aus, ich fuhr noch weiter.

Man hätte das vielleicht auch anders sagen können, dachte ich so.

Silke Schmidtke

geboren 1965 in Lübeck. Dort absolvierte sie ihre Berufsausbildung zur MTA. Seit 1985 arbeitet sie an der Universität Lübeck, seit 1989 im Institut für Biochemie, seit 2003 unter Prof. Hilgenfeld in der Virenforschung. Gegen Ende des Jahres 2000 fing sie an zu schreiben, verfasst seitdem ausschließlich Gedichte, Lyrik, Haiku und Prosa. Ihre Werke erschienen bisher in diversen Anthologien sowie in der Enzyklopädie der Frankfurter Bibliothek.

Silke Schmidtke

Ach, mein Herz

Ach, mein Herz, mein Herze, ach!
Warum wirst du wieder schwach?
Du hörst Geigenlieder gern,
die der Mond dir summt von fern,
und du verstummst in Ehrfurcht vor
dem Krähensang, du Sehnsuchtstor!

Öffnest dich dem krassen Klang
tief beseelt, Canossagang,
hoffst auf Orgelfugenspiel,
Dämmerung verspricht so viel:
reichlich Nähe, Lohn durch Nahrung
leichter Tonwertübertragung.

Ach, mein Herz, mein Herze, ach!
Du bist enttarnt – dein Schmerz – lass nach!
Stärke kennst du nur allein,
schwach lässt dich dein Wille sein,
wenn paukend die Trompete kracht
in kraftvollmondscheinheller Nacht!

Ach, mein Herz, mein Herze, mein!
Wirst du stille endlich sein,
wenn das Mondlicht ausradiert
durch den Tag, der insistiert,
dass du erlagst hohl lautem Hall,
obwohl du liebst die Nachtigall?

Johanna Sibera

geboren 1947 in Klosterneuburg, Österreich. Einige Semester Germanistik und Theaterwissenschaften an der Uni Wien, dann Arbeit in der Redaktion der Österreichischen Hochschulzeitung und in einer Rechtsanwaltskanzlei. Verheiratet, eine Tochter.

Kurzgeschichten in vielen Anthologien und in österreichischen Tageszeitungen, zwei Romane „Staub in den Haaren" 1999, Edition Innsalz, „Herzklappern" 2007, Edition Weinviertel, der nächste Roman erscheint 2012 in Österreich.

Johanna Sibera

Das hat der Thon komponiert

Natürlich waren alle in ihn verliebt, die Mädchen im Nivenburger Gymnasium, unserer hundertjährigen Schule. Allein seine äußere Erscheinung wirkte sehr anziehend und unterbrach überaus günstig die Ehrwürdigkeit des alten Gebäudes. Jetzt, da ich ihn fast um zwanzig Jahre länger und besser kenne, geradezu in- und auswendig, weiß ich, dass er damals mit seinem so hervorragend eingesetzten Äußeren ganz bewusst ein berechnendes Spiel getrieben hat. Keine einzige seiner blonden, immer etwas verweht wirkenden Locken war jemals nur zufällig in Unordnung. Die schwarze Schleife, die er immer um seine Hemdkrägen gewickelt hatte und die einem Lust machte, hinzufassen und sie ein wenig akkurater zu binden, war aus purer Berechnung etwas schlampig gehalten und seine Samtsakkos, die er in diversen Farben besaß, wirkten alle leicht, aber wirklich nur ganz leicht abgetragen – heute weiß ich, dass er da mit einem speziellen Bimsstein ein bisschen nachgeholfen hatte. Abgesehen von diesen skurrilen kleinen Eitelkeiten war er ein richtiges Genie und trotz seines jugendlichen Alters als Komponist, vor allem auf dem Gebiet der Orgelmusik, schon sehr bekannt. Dass er bei uns am Gymnasium unterrichtete, war ein großer Erfolgsfaktor für unsere Schule, und die Konzerte und musikalischen Aufführungen unter seiner Leitung stets richtige Sensationen.

Professor Marius Thon – dieser Name war Programm und eine ergiebige Quelle für diverse Wortspiele, die sehr gern und oft im altbekannten Sprichwort „Der Ton macht die Musik" gipfelten. Und er machte sie tatsächlich, die Musik, zum Beispiel für die Feier zum hundertjährigen Bestehen unserer Schule. Hundert Jahre Nivenburger Gymnasium – das war ein Grund zum Jubeln für unsere idyllische kleine Stadt. Und aus diesem Anlass hatte Professor Thon sowohl ein Musical als auch ein konzertantes Werk geschaffen, die beide bei diesem großen Fest aufgeführt wurden.

Nun habe ich schon gesagt, dass nahezu alle Mädchen in ihn verliebt waren; das ist völlig richtig und richtig ist auch, dass ich selbst genauso, wenn nicht noch mehr, in ihn verliebt war. Der große Unterschied zu den meisten anderen bestand aber darin, dass diese für ihr Leben gern in seinen Musikunterricht gingen, sich um Gesangs- und Klavierstunden geradezu rissen, während ich mit Musik nie etwas im Sinn hatte. Wenn ich Musik höre, kann ich wohl sagen, dass mir das und das gefällt, etwas anderes wieder weniger, aber ich verbinde damit weder irgendeinen Anspruch oder irgendwelche Kenntnisse und mein musikalisches Gehör hat eine sehr bescheidene Grenze nie überschritten. Aus all diesen Gründen war mir auch Professor Thons Musikunterricht herzlich egal. Mit Mühe absolvierte ich meine notwendigen Pflichtstunden und es wäre mir nicht im Traum eingefallen, bei ihm privaten Klavierunterricht – den er gerne und großzügig anbot – zu nehmen. Im Gegenteil: Die unbestreitbare Tatsache, dass ich in ihn verliebt war, hätte mich auf jeden Fall davon abgehalten, mich auf achtundachtzig schwarzweißen Tasten zum Narren zu machen oder mich vor ihm gar singend zu blamieren. So beobachtete ich also mit gebührendem Abstand meine Schulkolleginnen und ihre geheuchelte oder auch echte Liebe zur Musik, litt natürlich dann und wann ziemlich heftig bei ihren Erzählungen von den Musikstunden in seiner Wohnung; alles in allem war jedoch klar, dass Professor Thon, der letztlich nur acht oder neun Jahre älter war als seine größeren Schülerinnen, niemals auch nur das leiseste über die Unterrichtssache hinausgehende Interesse an einer von ihnen gezeigt hat.

Nun fand also das hundertjährige Jubiläum unseres Gymnasiums statt. Dieses Fest fiel in das Jahr, in dem ich meine Abschlussprüfungen machte, um sodann die Schule für immer zu verlassen. Aus den schon genannten Gründen und auch aus anderen machte mich das sehr traurig; irgendwie kam ich mir recht hilflos vor ohne den Schutz meiner alten Oberschule. Aber bekanntlich hat man noch kein Mittel gegen das Fortschreiten der Zeit gefunden und so ging alles seinen Gang. Ich bestand meine Prüfungen und verließ das Nivenburger Gymnasium. Ich zog nach Wien um zu studieren und zu arbeiten und im Verlauf von etlichen Jahren traf ich zahlreiche Männer, aber keiner von ihnen trug absichtlich schäbig gemachte Samtsakkos oder eine Schleife um den Hemdkragen, und überhaupt waren sie alle die Falschen.

Ungefähr fünf Jahre waren seit meiner Matura vergangen, als ich im Radio zufällig eine Erwähnung des Komponisten Thon hörte, mit der Ankündigung eines von ihm gegebenen Konzerts im sogenannten Kulturhaus des Wiener Rundfunks. Ich besorgte mir eine Eintrittskarte und ging hin. Der Saal dort ist relativ klein, nicht mit einem Riesensaal, etwa dem im Konzerthaus, zu vergleichen, und obwohl ich ziemlich weit hinten saß, bemerkte mich mein früherer Musiklehrer, während er an seinem Flügel Platz nahm und ins Publikum schaute. Da er mich nun schon erkannt hatte, wäre es mir sehr albern vorgekommen, nach dem Konzert einfach zu verschwinden; also ging ich nach vorne, wo er sich mit einigen Journalisten und Fotografen unterhielt, und begrüßte ihn. Tatsächlich schien er sich so über unser Wiedersehen zu freuen, dass er mich zum Essen einlud.

Wir sprachen über dies und das, ich konnte kaum essen, trank aber tüchtig vom Rotwein; dennoch bemühte ich mich, nichts Verräterische oder Unangenehmes aus unserer sozusagen gemeinsamen Schulzeit von mir zu geben.

„Sie waren niemals in meinen Musikstunden", sagte er plötzlich, „und ich habe mich immer gefragt, warum. Alle anderen sind gekommen, wollten Klavier spielen lernen, ihre dürftigen Soprane oder auch üppigeren Altstimmen ausbilden lassen und so weiter. Was hatten Sie gegen mich?"
Ich schaute ihn lange an und dann tat ich zweierlei, was ich in der Schule schon so gerne gemacht hätte: Ich griff in seine, wie immer etwas verweht wirkenden blonden Haare, um sie ordentlich zurecht zu streichen, und mit der anderen Hand fasste ich nach der schlampigen schwarzen Samtfliege, zog sie auf und nahm sie ihm weg.

Das ist jetzt fast fünfzehn Jahre her. Mit Musik habe ich noch immer nicht viel im Sinn, obwohl ich nahezu Tag und Nacht von ihr umgeben bin. Ich heiße übrigens jetzt auch Thon. Und wir haben zwei sehr musikalische Kinder.

Inge Slopianka

geboren 1944 in Husum, im nordfriesischen Ohrstedt auf dem Bauernhof der Eltern aufgewachsen. Sie war im Gaststätten- und Hotelfach in Schleswig, Westerland, Hamburg und Husum tätig. Danach arbeitete sie als Sachbearbeiterin in der Bundeswehrverwaltung Husum. Ihre starke Bindung zur nordfriesischen Heimat und zu den hier lebenden Menschen findet Ausdruck in ihren plattdeutschen Geschichten, die sie seit 2004 schreibt. Bisher erschienen: „Inge vertellt" Band I – IV, „Mien Wiehnachtstied" sowie „Ansichtssaak un annere Vertellen" im Mohland-Verlag.

Inge Slopianka

De Ton makt de Musik

Anfangs, as de Leevde noch frisch wär, keek man gern över veeles hinweg, versöchte sogar de Macken und Rituale vun de Partner to akzepteern. Aver na en gewisse Tied, wenn de Schmedderlinge in de Buuk Brummer warrn und man sik maal so richtig in Rage denken kann, denn kann dat Woort ‚Bitte' all maal en Fremdwoort warrn.

Wi entschlooten uns – mien Mann und ik – in de Urlaub de Wohnstuuv to tapzeern. Dat Geld för en Maaler, dat harrn wi domols noch nich. Also, sülms is de Mann und de Fruu'. Wi hemm uns eegentlich gornich so slecht verstaahn und verdroogen uns eegentlich ganz good, aver tosamen in't Huus arbeiten oder noch schlimmer, in de Goorn, dat gung leider oftmaals scheef.

Liekers wullen wi dat maal wedder miteenanner versöken.

„Wir weichen die Tapeten vorher ein und reißen sie dann ab", meente mien Mann.

„Du spinnst woll ... und de Parkettfootböön?", wull ik weeten. „Nee, nee, dor kummt nau nix na. De Tapeten warrn so afredden."

En böse Arbeit wär dat, aver as wi dormit ferdig weern, kunn wi denjo mit dat Toschnien vun de Tapeten anfangen. Dorna hemm wi de Kliester anröhrt und dann schull dat jo losgahn.

Mien Hans keem ut de Keller mit en Waterwaag, Tau und Lot und de Bliestift wurr noch anspitzt. Ik schmeerte de eerste Taptenbaahn mit Klister in und klarrte op de Ledder.

„Wieso fängst du an dieser Wand an? Du musst ..."

Ik full em in't Woort: „Ik mut gor nix. Ik fang hier an und dormit basta! Man tapzeert jümmers mit de Lichtinfall. Also vun't Finster weg. Dat hett mien Opa – und he weer Maaler – ok jümmers maakt!"

„Du bist aber nicht dein Opa und du bist auch kein Maler", keem Hans sien Kommentar.

Mi schoot dat Bloot in de Ohrn: „Schluss, aus! Ik staah hier op de Ledder und fang an!"

Ik klatschte de Tapet an de Wand.

„Die sitzt schief", keem dat vun achtern.

Nu keem Hans mit Bliestift, Lot, Tau und Waterwaag und fuchtelte um mi herum.

„Stück weiter nach links ... nein, das war zu viel ... ich hab' ein Stückchen gesagt, kein Stück ... Nun bist du zu weit nach rechts. Ein paar Milimeter nach links und nun ..., nein! Immer noch schief. Hast du so ein schlechtes und schiefes Augenmaß?"

Dat wuss ik, dat dat keem. „Weißt du was?" Ik schnackte nu Hochdüütsch mit em. „Laat mi eenfach in Ruh und hau af mit dien ganzet Geklüngel vun Waterwaag, anspitzte Bliestif, Lot und Tau und dien Betterweeterie!"

„Kann man sich mit dir nicht im ruhigen Ton unterhalten? Du solltest wissen: Der Ton macht die Musik ...! Im richtigen Ton kann man alles sagen, im falschen gar nichts. Die Kunst ist es, den richtigen Ton zu treffen, aber das kann ich von dir wohl nicht erwarten!"

So, so und nochmaal so, dat Maat weer vull, övervull.

Mien leeve Mann stunn jüst so günstig an de Wand und

heel mit beide Hannen de niehe, nadde, jüst inklisterte Tapetenbaahn. Ik lööste genüsslich dat eben abpappte Stück Tapeet und leet dat so sachte los. Tofreeden atmete ik ut. Fein verpackt stunn mien Mann spraaklos neben mi.

Ik klarrte vun mien Ledder rünner und he kleite sik de inklisterte Tapet vun Kopp und Back.

„Und nun? Was willst du damit erreichen?"

„Veel, ganz veel will ik dormit errieken und noch mehr! Ik treck mi nu um und fohr na Husum!"

„Was willst du denn nun und jetzt in Husum?"

„Ik söök mi en Anwalt! Ik laat mi vun di scheeden!"

As ik dat utspraaken harr, muss ik över mi sülms lachen. Ut mien Wut herut keem mitmaal Fröhlichkeit. Ik nehm mien beklisterte Mann in de Arm.

„Danke, dat du jümmers so veel Geduld för mi opbringst", sää ik und ut mien Brummer in de Buuk wurrn wedder Schmedderlinge.

En Dag laater seeten wi tofreeden in de nee renoveerte Stuuv und mien Hans meente: „Bleib' so wie du bist. Mit deinem eigenen Respekt und mit deiner Selbstliebe wirst du immer Menschen anziehen, die dich lieben und respektieren."

Wenn wi uns ok sunst eenig wärn, aver bie't Tapzeern trennten sik unse Weeg.

Rosemarie Stoffel

geboren 1944 in Binz auf Rügen. Aufgewachsen in Celle. Schauspielausbildung und kfm. Lehre. Verheiratet, 3 Kinder und 4 Enkelkinder.
    2000–2002 Fernstudium Belletristik an der Axel Andersson Akademie Hamburg, 2002: 8. Preis TAZ Schreibwettbewerb „Eros auf Reisen", 2002–2012 Kurzgeschichten in Anthologien und Zeitschriften.

Rosemarie Stoffel

Die Liebe zur Musik

„Mama, was ist Musik?", fragte die kleine Lara ihre Mutter.

„Der Ton macht die Musik oder besser gesagt, die Aneinanderreihung von Tönen", sagte Rebecca und sah ihre Tochter liebevoll an.

Sie saßen gemeinsam am Frühstückstisch. Der Kindergarten hatte geschlossen und so konnten sie gemütlich, ohne zu hetzen, frühstücken.

Sie stand auf und nahm ihre Tochter an die Hand. „Komm, wir gehen ins Wohnzimmer. Ich zeige es dir."

Lara strahlte ihre Mutter an. „Au ja!"

Im Wohnzimmer setzte Rebecca sich ans Klavier und zog Lara zu sich auf die Klavierbank. „Schau, das Klavier hast du ja schon mal gesehen."

Lara nickte eifrig.

Rebecca klappte den Klavierdeckel auf, nachdem sie die Blumen abgeräumt hatte, die darauf standen.

„Hier siehst du weiße und schwarze Tasten und jede Taste gibt einen Ton von sich. Drück mal auf diese dort." Sie zeigte Lara, welche Taste sie drücken sollte. Diese drückte zaghaft darauf. Sie war glücklich, dass sie das Instrument anfassen durfte. Das war ihr bis jetzt nicht erlaubt gewesen. Warum, hatte sie nicht verstanden. Aber dass es etwas Besonderes sein musste, hatte sie geahnt.

„Du kannst ruhig etwas kräftiger drücken", sagte Rebecca.

Das tat Lara und sie lauschte dem Ton, den sie selbst erzeugt hatte.

„Nun drück nochmal eine andere Taste", ermunterte sie Rebecca.

Lara versuchte sich weiter an den weißen Tasten. „Und was sind die schwarzen? Machen die auch einen Ton?"

„Versuch's", lächelte Rebecca.

Das ließ sich Lara nicht zweimal sagen.

„Und jetzt", fragte Lara, als sie eine Zeit auf die Tasten gedrückt hatte.

„Jede Taste hat einen anderen Namen und das sind dann Noten." Rebecca schlug das Notenbuch auf, das sie aus dem Schrank neben dem Klavier geholt hatte. Hier siehst du in dem Buch die vielen schwarzen Noten und die musst du dann auf das Klavier übertragen."

Ihre Finger fuhren liebevoll über die Tasten. Sie atmete tief ein und schlug dann den ersten Ton an. Würde sie es schaffen, die Tasten weiter runterzudrücken? Sie schloss die Augen.

„Mama, was ist?", fragte Lara ängstlich.

„Nichts meine Kleine. Ich muss mich konzentrieren. Ich habe schon lange nicht mehr gespielt."

Sie spielte Lara eine Zeile vor. „Und das ist dann eine Melodie", erklärte sie. Einmal angefangen, glitten die Finger wie selbstverständlich über die Tasten und die Melodie erklang rein und schön, als hätte es keine Zeit ohne sie gegeben.

„Nochmal", sagte Lara bittend, als Rebecca aufhörte zu spielen.

Sie war eigentlich Konzertpianistin und hatte auch einige Erfolge gehabt. Als sie ihren Mann kennengelernt hatte, war er begeistert von ihrem Spiel und begleitete sie zu jedem ihrer Konzerte. Seinen Heiratsantrag hatte er dann aber an die Bedingung geknüpft, dass sie mit den Konzerten aufhören müsste und für ihn da sein sollte. Und da sie bereits zu der Zeit schwanger war, und sie seine Forderung für übergroße Liebe zu ihr hielt, hatte sie zugestimmt.

Sie hatte nie wieder gespielt. Zu groß war der Verlust ihres Traum für die Musik zuleben.

War sie glücklich geworden? Ja, für Lara würde sich jedes Opfer lohnen.

Aber bei Hagen hatte sich herausgestellt, dass er ein großer Egoist war, der nur seine eigenen Bedürfnisse befriedigte.

Rebecca erwachte wie aus einem Traum. „Ja, ich habe geträumt", sagte sie leise und spielte dann für Lara.

„Kann ich das auch lernen?", fragte Lara mit glänzenden Augen.

„Möchtest du das denn?"

„Ja! Ja!"

„Dann musst du viel und immer wieder üben."

„Das mache ich bestimmt", Lara sah sehr ernsthaft, beinahe erwachsen bei diesen Worten aus.

„Gut, dann werde ich dich unterrichten. Jeden Tag erst einmal eine Stunde. Und nur solange du wirklich Lust dazu hast. Musik muss Freude machen."

Als Hagen nach Hause kam, sah er die beiden am Klavier sitzen.

„Was ist denn hier los?", fragte er und sein Gesicht nahm einen ärgerlichen Gesichtsausdruck an.

Lara strahlte ihn an: „Ich lerne Klavierspielen. Ich will eine Klavierspielerin werden."

„Rebecca, was soll das? Du weißt, was du mir versprochen hast. Willst du über den Umweg von Lara doch noch zu deinem großen Traum kommen und in der Welt umherreisen?"

Er war wütend. Was sollte aus seinem beschaulichen Leben werden? Er hatte die Klimperei schon immer gehasst und sich nur zusammengerissen, weil er Rebecca für sich gewinnen wollte. Und hatte die erste Gelegenheit ergriffen, sie davon abzubringen.

„Was willst du mir damit sagen?", fragte sie und sah ihn beinahe hasserfüllt an. Aller Frust der sich in den letzten Jahren aufgestaut hatte, sprach aus ihrer Stimme.

„Ich will sagen, dass wir eine Abmachung haben. Ich habe dir nur aus Gutmütigkeit erlaubt, das Klavier hier stehen zu lassen. Wenn ich gewusst hätte …"

„Du, immer nur du! Das ist das Einzige, an das du denken kannst." Rebeccas Stimme war nun leise und resigniert.

„Nicht vor dem Kind. Wir sprechen später."

Hagen verließ das Zimmer.

„Was ist mit Papa?", Lara hatte Tränen in den Augen.

Rebecca strich ihr liebevoll übers Haar. „Nichts. Er ist nur müde von der Arbeit."

„Ach so", Lara war sofort wieder beruhigt. „Lernen wir weiter?"

Rebecca zeigte Lara, was sie üben sollte und ging dann zu Hagen.

Es wurde eine lange und heftige Diskussion in deren Verlauf beiden klar wurde, dass ihre Vorstellungen von einem gemeinsamen Leben unvereinbar waren. Die Liebe war auf der Strecke geblieben. Sie würden sich trennen müssen.

Rebecca unterrichtete Lara und diese zeigte großes Talent. Rebecca passte auf, dass sie Lara nicht überforderte und

Schule und Freunde nicht vernachlässigt wurden. Sie wollte nicht, dass Lara ihren eigenen Traum leben sollte. Aber wenn sie sich wirklich für eine Musikkarriere entschied, hoffte Rebecca, dass sie ihren eigenen Weg gehen würde, ohne sich von einem Mann verbiegen zu lassen.

Peter Stosiek

geboren 1937 in Oberschlesien, verheiratet, drei Kinder. Schulbesuch in Jauernick, Abitur in Reichenbach bei Görlitz. 1961 Staatsexamen Humanmedizin in Halle/S, 1955–1961 mehrfache Inhaftierungen wegen Aktionen in der katholischen Studentengemeinde Halle/S., 1963 fristlose Entlassung aus dem Hochschuldienst im Gefolge eines politischen Prozesses, seit 1964 politische und religiöse Vorträge in der DDR, 1967 Wehrdienstverweigerung, 1993 Habilitation, 1992 Leitung des Institutes für Pathologie Cottbus, 1994 Professur an der Universität Halle/S. Nach der Emeritierung 2002 mehrere Jahre Entwicklungshilfe in Armenien (Universität Yerewan).

Peter Stosiek

Augustin

Es war Mitternacht. Die Kerzen in den Händen der vermummten Gestalten beleuchteten geisterhaft die noch winterbleichen Gesichter und warfen zitternde Schatten an die Wände unseres kleinen Bergkirchleins, das unter dem Druck der Dunkelheit noch kleiner geworden zu sein schien. Osternacht ..., die Nacht der Nächte, vere beata nox, Feier einer unerhörten Botschaft, einer Botschaft, die alles auf den Kopf stellen sollte, alles verändern, was Menschen fürchten und hoffen. Der Tod ein Trugbild. Ein Irrtum. Kein Ende. Eine Verwandlung. Auferstehung?

Ich war weit entfernt von einer Ahnung dieser aufregenden Botschaft. Was mich aufregte, war etwas ganz anderes. Sechs Wochen zuvor, am Beginn der Fastenzeit, während der in dieser winzigen katholischen Dorf-Insel inmitten eines protestantischen Meeres noch wirklich gefastet wurde und öffentliche Lustbarkeiten einschließlich Hochzeiten und Tanzvergnügen im Gerichtskretscham verboten waren. Sechs Wochen zuvor also war der Pfarrer zu meinem Vater gekommen und hatte gefragt, ob ich Organist werden könne. Mein Vater zuckte zusammen. Organist? Es war das Jahr 1949 und der alte Kantor, ein zwischengelandeter Flüchtling aus Oberschlesien, hatte sich aus dem Staube gemacht, nach dem Westen natürlich. Mich hatte er gelegentlich auf dem verstimmten Klavier in der Abstellkammer eines Bauern unterrichtet.

Anfangsgründe, mehr nicht. Und so war ich der einzige im Dorf, der recht und schlecht Noten lesen und auf einer

Tastatur reproduzieren konnte. Aber ich war zwölf Jahre alt, reichte mit den Füßen nicht zu den Pedalen hinunter und hatte keine lange Hose! Mein Vater sagte trotzdem zu. Dem Pfarrer sagte er immer zu.

Ich aber hatte jetzt Probleme. Die Orgel erkunden, Register ausprobieren, Lieder üben, Blasebalgtreter gewinnen ... Zum Glück war ja noch etwas Zeit, denn erst nach sechswöchigem Schweigen, in der Osternacht, musste die Orgel mit einem Schlag zum Gloria erklingen, plötzlich und feierlich, jubelnd und mit sämtlichen Registern, assistiert von den versammelten Schellen der Ministranten, der großen Glocke des Kirchturmes und dem aufflammenden Licht aus allen verfügbaren Quellen. Eine geballte Ladung war das immer, eine alle Sinne erfassende, fulminante Explosion zur größeren Ehre Gottes. Los ging es stets, einem ehrwürdigen, dem Frühmittelalter entstammenden Ritus gemäß, mit der Feuerweihe draußen vor der Kirchentür. An solcherart geweihtem Feuer wurde dann feierlich die dickleibige Osterkerze entzündet und gesegnet. Mit der Osterkerze in der Hand würde der Pfarrer dann psalmodierend in die stockdunkle Kirche einziehen, nach und nach die kleine Flamme an die Kerzen der Gläubigen weitergebend. Und dann wäre es soweit, Mitternacht, die ängstlich flackernden Schatten an den schwarzen Wänden unseres Kirchleins, alle Furcht und Not, würden im aufblitzenden Licht und im Tosen sämtlicher verfügbarer Schallquellen untergehen. Ich hatte mich sorgfältig auf den akustischen Fanfarenstoß vorbereitet, der das Signal für die triumphale liturgische Kettenreaktion sein sollte. Meine Hände lagen schon auf den Tasten, als mir im letzten Augenblick noch Zweifel kamen. Ob die Gläubigen von mir wohl schnell genug aus der Karfreitagsstimmung heraus- und in den frenetischen Taumel des Osterjubels hineingesogen werden könnten? Sollte man nicht wenigstens die Tonart des Liedes anklingen lassen? Mit dem leisesten Register, versteht sich. Wenige Sekunden vor dem alles entscheidenden Gloria tat ich also, was ich nie hätte tun dürfen. Ich ließ durch das dunkle Kirchenschweigen ein hauchdünnes A-Dur anklingen.

Und da geschah das Entsetzliche. Augustin fing an zu läuten! Oben auf dem Turm. Er fing einfach vorfristig an zu läuten und inszenierte damit das jetzt folgende liturgische Chaos in unserem kleinen Dorfkirchlein. Wer war dieser Augustin? Ein stämmiger, einfältiger Vierzehnjähriger, der den Auftrag hatte, die Turmglocke zu läuten, wenn es so weit war. Er tat das mit schöner Regelmäßigkeit sowieso jeden Tag, früh, mittags und abends. Die riesengroße Turmglocke war den Einschmelzungen der Nazis auf rätselhafte Weise entgangen, nicht aber das dicke Seil, das vordem aus schwindelnder Höhe bis auf den Boden reichte. Stattdessen gab es nur einen kurzen Hanfstummel am Schwengel, der den Läutenden zum Angelus regelmäßig zwang, die wacklige Wendeltreppe bis hoch in den Turm zu steigen, was in der Osternacht einer Mutprobe glich. Die Kirche stand nämlich inmitten eines Gottesackers mit allerlei frischen Gräbern, und man konnte nie wissen, wie tot die Begrabenen wirklich waren. Augustin hatte also vorsorglich die Turmtür von innen verschlossen und lag oben neben der Glocke auf der Lauer. Beim ersten Orgelton, das war sein Auftrag, da ging es los. Mir ist heute noch nicht klar, wie er den normalerweise markerschütternden Startschuss des osternächtlichen Gloria mit meinem gehauchten Pianissimo verwechseln konnte. Er tat es aber. Und dann war es zu spät, das Schicksal nahm seinen Lauf.

Eigentlich wäre es nicht zu spät gewesen, wenn der Pfarrer geistesgegenwärtig und schnell das Gloria nachgeliefert hätte. Keiner hätte es gemerkt, außer dem lieben Gott natürlich, und der hätte es mir kurzbeinigem Organisten verziehen, dessen bin ich sicher. Aber wer fragt hier nach dem lieben Gott? Ein katholischer Pfarrer bleibt konsequent bei seinem ordo, der aus Rom stammt und nicht vom lieben Gott. Die katholische Kirche ist eine Weltkirche, und da ist alles seit Jahrhunderten bis in den fernsten Winkel der Welt standardisiert, von der lateinischen Sprache bis zur Farbe der liturgischen Gewänder. Wo kämen wir hin, wenn jeder anfinge, zu läuten, wann es ihm beliebte? Wir haben lange genug Ärger gehabt mit Häretikern und Schismatikern. Wehret den Anfängen! Das hier war so ein Anfang, der unweigerlich in irgendeiner liturgischen Katastrophe enden würde. Das musste gestoppt werden. Aber wie? Nach einer Schrecksekunde neigte sich der Pfarrer zu einem der Ministranten und flüsterte ihm etwas ins Ohr. Der verlies den dunklen Raum durch den Mittelgang und war als bald mit seinem dünnen Stimmchen vor der Kirche zu hören. Was er schrie, war Gott sei Dank nicht auszumachen. Aber die akustische Unterlegenheit angesichts der dröhnenden Urgewalt der fernen Glocke war augenfällig. So kam er denn gesenkten Hauptes durch den dunklen Mittelgang wieder zurück. Wer aber geglaubt hatte, der Pfarrer würde nun vor der häretischen Übermacht dieser verstockten Glocke kapitulieren, der hatte sich geirrt. Er neigte sich wiederum zu dem kleinen Ministranten und flüstert ihm wieder etwas ins Ohr. Der verschwwand jetzt in der Sakristei und kam tatsächlich mit einer gewaltigen Ersatztruppe in den Altarraum zurück. Wer hätte geglaubt, dass wir derart viele Ministranten hatten! Das müssen ja alle Jungen des Dorfes gewesen sein. Sie machten brav ihre Kniebeuge und verschwanden im Gänsemarsch. Wieder durch den dunklen Mittelgang nach draußen. Die Gemeinde erwartet schon nichts Gutes, aber was jetzt kam, übertraf selbst die schlimmsten Befürchtungen. Die Jungen, unfähig sich vorzustellen, dass man ihre Lautäußerungen in der Kirche hören konnte, brachen angesichts der herrlichen Sternennacht mit dem noch rauchenden heiligen Feuer in ein frenetisches Indianergeheul aus, dann postierten sie sich vor der verschlossenen Tür des Glockenturmes und brüllten mit vereinten Kräften. Und was sie brüllten, war jetzt wirklich in aller Deutlichkeit auszumachen:

Augustiiiin!!!
Aufhöööören!!!
Ööööööh!!!
Bist du blöööööd???
Augustin, du Idioooot!!!
Augustin, du Rindvieeeh!!

Es kam noch schlimmer: Flüche und Verwünschungen wechselten einander ab. Endlich kann man mal im Auftrag der Geistlichkeit und zu einem heiligen Zweck den Affen rauslassen. Ein österlicher Hochgenuss! Wie Peitschenhiebe aber knallten die unheiligen Verbalinjurien auf die Trommelfelle der erstarrten Christenschar im Kirchenschiff hernieder. Alle blickten entsetzt zu Boden. Der Pfarrer ist grau geworden im Gesicht. Die pastorale Choreografie ist nun endgültig aus dem Ruder gelaufen. Wenn die wenigstens aufhören würden! Aber sie machten weiter, bis zum bitteren Ende, dem Ende von Augustins Vorstellung. Und das waren zehn Minuten. Zehn lange Minuten. Eine Ewigkeit. Endlich trat Ruhe ein. Und jetzt hob der Pfarrer die Hände und stimmte mit zitternder Stimme das Gloria an. Ich glaube, er hatte die Luft so lange angehalten.

Er stieß das Gloria hervor, wie einen erlösenden Schrei in die dunkle und schweigende Kirche. Und dann ging sie doch noch los, die triumphale liturgische Eruption, mit Pauken und Trompeten und allen Registern. Auch ohne die Glocke im Turm verschlang sie den ganzen Ärger, die Wut und die Angst, wie ein heiliger Tsunami raste sie über die betretenen, verstörten Herzen hinweg und erfüllte sie mit der simplen Freude eines irrwitzigen Glaubens. Nur einer war fassungslos, hoch oben im Turm.

Gloria mit Wiederholung? Das hatte es noch nicht gegeben!

Anne-Rose Thon

geboren 1962 in Köln-Lindenthal, verbrachte ihre Kindheit in Dormagen-Hackenbroich, Kreis Neuss und besuchte dort auch Grund- und Hauptschule. Sie hat viele Arten von Jobs gehabt, ist verheiratet und Mutter von drei tollen Kindern. Die Muße zum Schreiben von Versen hat sich schon in ihrer Jugend entwickelt und ihre Mitschüler genervt. Vor einigen Jahren entdeckte sie dann noch die Kunst und die Ölmalerei für sich. Dem Schreiben ist sie aber treu geblieben und kann es sich nicht mehr wegdenken.
– Bin ein Mensch, der die Melodie der Zeit liebt – ...

Anne-Rose Thon

So zart

Das Knistern ...
die Wärme Deiner Nähe!
Das Licht ...
in der Dunkelheit!
Ist atmen,
in der Kälte einer Zeit ...
wo alles schläft!

Doch leise Töne ...
die Weite erreicht!
Ist das Spiel in Deiner Bewegung ...
Ist der Raum in dem Du bist!
Die Erscheinung –
Ist das Zeichen Deines Gefühls!
Verzaubert die Stimmung,
von Harmonie und Besinnlichtkeit ...

So zart!
Entflammt es die Herzen ...
– Die Schönheit der Gefahr –
Doch!
Erlischt es im Glimmer der Flamme von Ewigkeit.
So ganz geheim und leis ...

Anne-Rose Thon

Stille

Sei mal ein wenig leis
hörst Du Dich und das Leben –

Wie es wächst und ringt
wie es lacht und singt ...
Mit dem Wind sich bewegen
Hin ...
Der Sonne entgegen –

Streichelt Dich der Hauch der Tiefe ...
Fliegt mit Dir
Hin ...
Zur Einmaligkeit
und doch
dem immer wiederkehrenden Wandel ...

Sei mal ein wenig leis ...
und hör ihm zu!

Gisela Verges

Geboren in Berlin, verheiratet, zwei erwachsene Kinder. In Thüringen lebend. Nach dem Abitur Tischlerlehre zur Möbeltischlerin. Studium an der TU Dresden, Diplom-Ingenieurin. Lehrerin in der theoretischen Berufsausbildung. Dozentin an einer Meisterschule, jetzt Rentnerin. Seit 2002 intensives Malen und Schreiben von Lyrik, Kurzgeschichten, Satiren. Hörspiele, Kinderbücher mit eigenen Illustrationen. Zahlreiche Veröffentlichungen, Ausstellungen, Lesungen. Mitglied der Seniorenredaktion des Wartburgradios Eisenach, Mitglied der Literarischen Gesellschaft Thüringen e.V.

Gisela Verges

In meine Stille

Fällt der Ton
Schwillt an
Vereinigt sich mit anderen Tönen
Fügt sich dem Rhythmus
Schneller Schläge
Wird stark und stärker
Und nun erklingt
Die Melodie
Die mich berührt
Ich tanze mit
Und wiege mich
In diesem Klang
Und wünsche mir
Die Ewigkeit

Gisela Verges

Patronenkauf

„Kann ich Ihnen helfen?" Der junge Mann kam geschniegelt, gebügelt, mit einem Namensschild versehen und einnehmend lächelnd auf mich zu, kaum, dass ich den Elektroniktempel betreten hatte. Er hätte mein Sohn, nein, was sage ich da, mein Enkel sein können! Lieber wäre mir allerdings gewesen, wir hätten noch die alten Verhältnisse. Da saßen die Verkäuferinnen immer hinten in ihrem Kabuff beim Kaffeetrinken und scherten sich überhaupt nicht um die Kundschaft und deren Wünsche! Traumhaft lange konnte man da zwischen den zwei Sachen, die im Angebot waren, oder die man vielleicht bestellen durfte, wählen! Heutzutage erfolgt eine gewisse Nötigung. Zeit ist Geld.

„Kann ich Ihnen helfen, meine Dame?" Der Verkäufer wiederholte seine Floskel etwas lauter. Wahrscheinlich nahm er an, dass mir wenigstens einer meiner Sinne abhanden gekommen war.

„Ja, ich weiß ja nicht, ob Sie mir helfen können! Wird sich herausstellen, junger Mann!" Das Katz- und Mausspiel begann.

„Womit darf ich Ihnen denn eine Freude machen?" Oh, er hatte also an diversen Schulungen teilgenommen, wusste demzufolge, wie man Begierden weckt und diese dann befriedigt.

„Richtig. Machen Sie mir eine Freude! Ich brauche eine Patrone." Ich setzte mein Pokerface auf. Wollte die ganze Geschichte erst einmal vorsichtig angehen. Ich hatte ja Zeit.

„Meinen Sie eventuell eine Patrone für einen Drucker?" Sein Augenaufschlag war bemerkenswert.

„Wofür denn sonst? Haben Sie noch andere Geräte im Angebot, für die man Patronen braucht?", fragte ich gelangweilt. Er ging nicht darauf ein und schaute ein wenig zu arrogant, der junge Schnösel! Noch ahnte er nichts.

„Wie heißt denn Ihr Drucker?" Hatte er vor, sich bei mir anzubiedern? Diese Frage empfand ich eigentlich als zu intim, wollte aber den jungen Mann nicht enttäuschen.

„Ich sage immer August zu ihm. Mein erster Mann hieß so. Ist schon lange tot. Mein Mann! Gott hab ihn selig! War aber genauso langsam und laut wie diese Rappelkiste! Ein besserer Name ist mir nicht eingefallen!" Ich sah ihn treuherzig an. Er machte einen leicht hilflosen Eindruck.

„Nein, da haben Sie mich falsch verstanden! Wer hat denn Ihren Drucker hergestellt? Um welches Fabrikat handelt es sich?" Noch rollte er nicht mit seinen Augen, zeigte allerdings schon etwas Ungeduld.

„Ach, das tut mir jetzt aber leid, das habe ich vergessen! Man kann sich doch nicht alles merken! Ich beschreibe Ihnen einmal am besten, wie er aussieht! Er ist so breit", mit den Händen deutete ich eine ungefähre Abmessung an, „und so hoch und er ist oben hellgrau und unten dunkelgrau und die Bedienelemente, so sagt man doch, sind silbern und alle in einer Reihe angeordnet. Das Papierfach klemmt manchmal. Hilft Ihnen das weiter?" Ich setzte wieder einen unschuldigen Blick auf.

„Nein, nicht wirklich! Besitzen Sie Ihren Drucker schon lange oder handelt es sich um ein neueres Modell?" Ich glaube, an dieser Stelle beschloss er, sofort in den hinteren Räumen zu verschwinden, wenn in Zukunft jemand aus meiner Altersgruppe den laden betreten sollte.

„Hören Sie einmal, junger Mann, was soll das Baujahr damit zu tun haben, dass ich eine Patrone brauche? Ist das nicht egal? Das ist ja wieder typisch! Immer muss alles kompliziert gemacht werden! Warten Sie einmal, es fällt mir gleich ein! Den Drucker hatte ich schon, als Tante Elfriede ihren 90. Geburtstag feierte! Und das war im Februar vor fünf Jahren. Ich habe ihr nämlich die Einladungen ausgedruckt! Reicht Ihnen diese Information? Was wollen Sie denn noch alles wissen?"

Er schüttelte den Kopf. Auf seiner Stirn standen kleine Schweißperlen.

„So lange hat die Patrone gereicht? Oder haben Sie schon einmal eine Patrone wechseln müssen?" Seine Unterlippe begann zu zittern. Jetzt hatte ich ihn so weit! Ich konnte mich endlich steigern!

„Nein, noch nie! Sonst wüsste ich doch, wie das geht! Es sollen endlich wieder kleine schwarze Buchstaben auf dem weißen Papier erscheinen! Mehr will ich doch nicht! Sie kennen doch Buchstaben? Und Sie wissen doch, was Papier ist? Oder muss ich Ihnen das auch noch erklären? Ist denn das so schwer? Holen Sie mir sofort den Geschäftsführer! Weiß der überhaupt, mit welch ignoranten Mitarbeitern sich die Kunden hier in diesem Etablissement herumärgern müssen?"

Wegen meiner Lautstärke schauten schon die anderen Kunden interessiert zu uns herüber. Ich war in Fahrt.

„Nein, jetzt rede ich! Ich lass mir doch von Ihnen nicht das Wort verbieten! So, der Chef lässt sich also verleugnen! Schöner Saftladen!"

Ich musste erst einmal tief Luft holen. Und in der Pause, die so entstand, lockerte der Verkäufer seine Krawatte und redete beruhigend auf mich ein. Ich glaubte, mich verhört zu haben.

„Was sagen Sie? Sie haben gerade heute ein Sonderangebot an modernen Druckern? Klein und handlich und einfach zu bedienen und obendrein äußerst preiswert? Und die Patrone ist schon drin? Warum sagen Sie das nicht gleich? Warum muss ich erst meine Nerven strapazieren? Kann ich solch ein Exemplar sofort mitnehmen? Her mit dem Ding!"

Nun stehen bei mir zu Hause zwei Drucker. Der eine geht und den anderen hebe ich mir als Ersatz auf.
Vielleicht habe ich wieder einmal Lust, meinen Kreislauf in Wallung zu bringen!?

Beatrice Voglrieder

Geboren wurde ich im Februar 1970 im Harlachinger Krankenhaus in München und meine Mutter und meine Großmutter waren sehr bemüht, einen ordentlichen Menschen aus mir zu machen. Ein paar Leute behaupten, es sei ihnen geglückt.

Geschrieben habe ich schon immer gern. Nur waren meine Lehrer davon nicht sehr beglückt, wenn ich meiner großen Phantasie in freien Aufsatzthemen ihren Lauf ließ. Heute sind einige meiner Kurzgeschichten in Anthologieausschreibungen verewigt.

Beatrice Voglrieder

Die Tanzbären und die Volkstanzbären

Inzwischen hat der kleine Tanzbär mit seinem Tanzbärenmädchen eine Familie gegründet. Sie haben viele kleine Tanzbären bekommen. Sie tauften sie Chachabär, Sambabär, Jivebär, Rumbabär, Pasobär, Walzerbär, Tangobär, Slowbär, Wienerbär und Quickbär.

Die Turniertänzer, bei denen sich der kleine Tanzbär niedergelassen hatte, nahmen sie nun alle zwölf mit auf ihre Turniere und die anderen Turniertänzer waren begeistert von den kleinen Wichten.

Als die Bären alt genug waren, verließen sie den kleinen Tanzbären und seine Tanzbärin, um sich ihre eigenen Turniertänzer zu suchen, um ihnen Glück zu bringen. Doch ein Mal im Jahr, im Februar, wenn nicht viele Turniere stattfanden, da trafen sie sich, um einen Familienausflug zu machen.

Mit dem Zug fuhren die Bären auf das Land hinaus, von wo aus sie ihren Weg zu Fuß fortsetzten.

Als die Tanzbärenfamilie das Dorf Kleinpinzenau erreichten, waren sie sehr erschöpft und waren froh, als sie ein Gasthaus erspähten.

Zielstrebig steuerten sie darauf zu und ließen sich neben einem verlassenen Sandkasten nieder, um Brotzeit zu machen.

Neben der Schaukel versteckte sich eine Horde Bären, welche die Spielgefährten der Kinder einer Volkstanzgruppe waren. Sie nannten sich die Volkstanzbären und ihre Namen waren Xaver, Zenzi, Bertl, Marie, Franz und Resi.

„Schaug da des ooo!", sagt Xaver. „De Stoderer bei uns am Land!"

„Ja, dene werma wos verzein!", erklärt er den anderen Volkstanzbären.

Mit geschwollener Brust gehen die Bären zu den Tanzbären aus der Stadt. Xaver allen voran voraus.

„Wos woiz denn ihr do?", fragt er den kleinen Tanzbären provokant.

„Wir ruhen uns nur ein wenig aus und machen Brotzeit."

„So! Brotzeit woiz macha?", fragt Xaver.

„Ja denn esz, aber nachad ziagds fei glei weider!", sagt Xaver streng.

„Wia kimmts'n ihr überhaupts daher?", fragt Xaver weiter. „Laft ma jetza so umananda in da Stod?", will er wissen.

„Wir sind Tanzbären und so tanzt man auf Turnieren!", erklärt der kleine Tanzbär.

„Turniere!", wiederholt Xaver. „Ja wos danzzt nachad ihr?", fragt er.

„Wir tanzen Walzer, Tango, Slowfox, Wiener Walzer und Quickstep", erklärt der kleine Tanzbär.

„Tango! Quickstep!", wiederholt Xaver.

„Ja lasz a moi wos seng!", fordert Xaver die Tanzbären auf.

Währenddessen hatte Franz sich bäuchlings zu den Tanzbären gerobbt und war gerade dabei, die Schuhbänder des Tangobären und des Slowbären miteinander zu verknoten.

„Ja zoagts wos kenz!", fordert Xaver die Tanzbären nochmals auf.

So schnappt sich jeder der Tanzbären eines seiner Bärenmädchen und Tangobär und Quickbär fallen auf ihre großen Bärennasen.

Die Volkstanzbären lachen und Xaver sagt: „So danzt ma in da Stod oiso!"

So positionierten sich die Volkstanzbären und zeigen den Tanzbären die Tänze, die sie auf dem Lande tanzen.

„Das haben wir ja noch nie gesehen", sagt der kleine Tanzbär, als sie Volkstanzbären gerade ihren Landler beendet hatten.

„Wie heißen denn eure Tänze?", fragt er.

„Des san da Landla, d Poika, da Borische, da Woizer, aber den hobz ihr ja a und da Schuabladdler", antwortet Xaver.

„Jeza zoang ma eich no an Schuabladdler", sagt Xaver und schlägt sich mit seinen Händen auf die Lederhose.

Die Tanzbären lachen sehr, als sie sehen, wie sich die Volkstanzbären auf Hintern, Po und Füße hauen und sich ihre Bärinnen vor ihnen in ihren Dirndln drehen und nicht mehr aufhören damit.

Die kleinen Tanzbären amüsieren sich darüber so sehr, dass sie sich rücklings auf den Boden fallen lassen und mit den Füßen in der Luft strampelten und ihnen Tränen vor Lachen über die Wangen laufen.

„Ja wos lachz denn so?", fragt Xaver.

„Ihr haut euch ja selbst", presst der kleine Tanzbär während seines Lachens hervor.

„Ja wos! Soi ma eich an Watschndanz zoang?", fragt Xaver und bewegt sich rhythmisch und haut dem kleinen Tanzbären abwechselnd rechts und links auf die Wange.

Das kann sich der kleine Tanzbär nicht gefallen lassen und haut Xaver ebenfalls eine rechts und links auf die Wange.

Xaver lacht.

„Des is unser Watschndanz!", erklärt er dem Tanzbären.

„Du steist di gar ned bled o!", sagt er anerkennend.

„Jeza danzma wos, wos ma olle kena. Jeza danzma an

Woiza mitananda", sagt Xaver und schnappt sich die Tanzbärin.

Der kleine Tanzbär schnappt sich Zenzi, und die anderen mischen sich darunter und sie verbringen alle miteinander noch einen sehr schönen Tag.

Nachdem es langsam dämmert, machen sich die Tanzbären wieder auf den Heimweg und laden die Volkstanzbären zu sich in die Stadt ein.

„Hast du gesehen, wie die Volkstanzbären den Hintern beim Walzer herausstrecken und immer einen Ausfallschritt machen?", fragt der kleine Tanzbär seine Tanzbärin und lacht.

„Den Schritt sollten wir unseren Turniertänzern zeigen. Den Kleinpinzenauer Ausfallschritt."

Lachend kommen sie am Bahnhof an, wo ein Bettelbär mit seiner Harmonika spielt, dem sie noch eine Weile aus ihrem wartenden Zug lauschen.

Die kleinen Tanzbären schlafen im Zug vor Erschöpfung ein und der kleine Tanzbär und seine Tanzbärin haben große Mühe, sie in der Stadt wieder aufzuwecken.

Schon heute freuen sie sich auf ihren nächsten Familienausflug und was sie dabei erleben werden.